全球最美的地方

狂野非洲

會 編著

前言

　　非洲的得名有許多傳說，最普遍的說法源於它北部炎熱的氣候。這裡的乾旱與塵沙給歐洲人留下了深刻印象，於是拉丁文中的「陽光灼熱之地」——阿非利加，就成了這片大陸的名字。

　　然而現在看來，這也只不過是最初的探險家們一廂情願的想法。非洲，這個帶著濃濃熱意、些許神祕的名字，賜予我們的其實遠遠不止烈日高陽、綿延黃沙；它那蒼綠幽深的雨林，那蔥鬱斑斕的草原，使得這裡成為各大洲中色彩最明艷的一個。而棲息於其間形形色色的野生動物，又給這些自然景觀帶來了無限生趣。更遑論古埃及文明是這片大陸永遠的驕傲，奧杜威峽谷的遺跡將這裡的歷史上溯到了人類誕生之初……

　　這一切的一切，彷彿是天生的，讓你日夜思念那個地方：那些茂密的叢林，遼闊的草原，神祕的沙漠，天真女孩艷麗的裙襬，男人們坦蕩的笑容和雪白的牙齒……都像是早早就藏在心裡，從來不曾離開。或許你天生是一個漂泊者，你的生命中曾經有過無數次的驚嘆，但只有到了非洲，你才知道什麼是狂野，什麼是與生俱來的激情，因為它是集合了熱情、自由、奔放的人類最原始的狂野故鄉。

　　或許你早一次次在夢境和現實裡憧憬著人類那片最初的伊甸園，那麼選擇《狂野非洲》吧！本書透過一篇篇動情的文字和大量的精美圖片，向你展示了一個如此與眾不同、卻又如此熟悉的非洲。不管是大自然原始野性的本來面貌，還是人類本性中最古樸淳厚的天真和靈性，這裡都有一段真實的講述。願這本書中神祕的韻律，帶你走入那片最狂野的夢鄉。

目錄　　全球最美的地方——狂野非洲

非洲印象
Here's Africa

幾米在《森林唱遊》一書中說：「最美的風景，總是要穿過最險惡的脊地才有緣目睹。但是我們永遠不會透露，通往祕密基地的小徑和那一夜的奇遇。」非洲就是這樣一個需要穿越，才能放飛心靈的地方。

非洲位於東半球的西南部，東瀕印度洋，西臨大西洋。由於遙遠，由於陌生，在許多人的想像中，非洲氣候炎熱，地廣人稀，是一片不毛之地。但是當你真正地踏上這片土地，非洲這個廣袤、神祕而又原始的大陸，所呈現給你的，則是一片流光溢彩的景致。特別是它那原始而壯麗的自然風光，會帶你遠離都市的喧囂，進入另一個遙遠而古樸的時代。

在非洲，即使是風塵滾滾的沙漠，也蘊藏著不勝其數的瑰麗景觀。而對於不遠千里而來的人來說，不論是它那一字排開的駝隊，寂寞沙洲裡悠揚的駝鈴，還是它如夢如詩的落

日，都是一張張極其誘人的非洲名片。

　　如果說非洲的沙漠，是它的第一個傳奇，當你穿過了沙漠，非洲會給你另一個精彩的傳奇——東非大裂谷。氣勢宏偉的東非大裂谷，向有「地球表皮上的一條大傷痕」之稱。儘管想像中的東非大裂谷，是荒涼的不毛之地；但當你不遠萬里，來到大裂谷時，撲入你眼簾的，卻是一幅異彩紛呈的畫卷：草原廣袤，野草青青，花香陣陣；翠綠的灌木叢散落其間，草原深處的幾處湖水波光粼粼，山水之間，白雲飄。在這幅動人的畫卷中，最讓人沉醉就是那些水光瀲灩的湖泊了。

　　到了非洲，不能不去看動物。因為非洲向有「動物天堂」之稱。在那裡，棲息著世界上種類最多、數量最龐大的野生動物群。牠們在這片土地上面對生存的考驗，享受親情的

※與土著們在草原上共舞，將是一種怎樣的狂歡？

溫暖，感受愛情的甜蜜，繁衍後代，生生不息……當你穿行這個天堂，也許只能走馬看花，但卻可以體會到人與動物、自然和諧相處的樂趣。

在非洲，如果你想觀賞鳥的話，納庫魯湖應該是首選之地。在納庫魯湖棲息的火烈鳥達200多萬隻，占全球總數的1/3。無論是在納庫魯湖邊，還是站在高處極目遠眺，納庫魯湖這個「觀鳥天堂」，都會帶給你一種前所未有的震撼。特別是當成千上萬隻鳥兒在湖面上飛翔、或者與落日共棲息時，整個納庫魯湖就成了一片粉紅的世界。置身這樣的世界，很容易讓人忘了時間，忘了自己是在天上、還是在人間。

在非洲走的地方多了，你就會發現：非洲不僅擁有湛藍的天空，飄浮的白雲，眾多細軟的海灘和美麗如畫的城市，還有一望無際的茫茫草原。非洲的草原為典型的稀樹大草原。如果你看過《動物世界》，相信你對這種景色並不陌生。置身於這仙境般的大草原，即使不是初次來到大草原的人，也會高興得像孩子一樣振臂歡呼，或者會在草叢中快樂地打滾，嬉戲。風起時，那如電影中慢動作起伏的草浪，更易讓你迷失、窒息。

看慣了《動物世界》的人，會產生一種錯覺，會以為非洲只是一個大草原。事實上，奇妙的非洲不僅有草原，還有一大片的熱帶原始森林。沒有去過濃密的熱帶雨林的人，總以為雨林中滿是殘根斷枝，腐葉爛草，泥濘不堪，霉濕的氣味讓人忍無可忍，事實上，熱帶雨林遠非你想像的那樣，這

※稀樹草原上天地蒼茫，彷彿一切又回到造物之初。

裡不僅到處山泉汩汩，鳥雀爭鳴，而且還源源不斷地向人類提供了生命賴以生存的氧氣。

一提起赤道，人們都知道那個地方以及周圍的許多地區，都是常年高溫，炎熱異常。但不可思議的是：位於赤道附近坦尚尼亞東北部的吉力馬札羅山，卻是一片冰雪紛飛的世界。雪花飄啊飄啊！漫天的飛雪，將吉力馬札羅山裝點成了童話的世界。如果你帶你的女兒來到這裡，她一定會為潔淨美麗神聖的吉力馬札羅山、為童話般的世界而歡呼。而每當天氣好時，山峰揭去濃雲密霧的面紗，露出它那光彩奪目的雪冠時，吉力馬札羅山那蒼翠朦朧的山體，與無邊無際的綠色草原遙相襯托，勾勒出一幅令人心曠神怡、浮想聯翩的非洲印象畫。

❋與活生生的獵豹來一次親密接觸，這絕對是在非洲才能享受到的樂趣。

在非洲，有時連時間也會迷路，因而，在這裡，用鐘錶來計量時間變得沒有任何意義，而在你毫無察覺的瞬間，非洲的河流會帶你進入另一幅五彩繽紛的畫卷。雖然這些河流從歷史的源頭一路逶迤而來，難免滄桑、或者斑駁，但面對它們時，你還是會感受到非洲天地之廣闊，氣象之萬千。在非洲的河流中，最值得一提的，是尚比西河、尼羅河、剛果河和尼日河四大河流。這些河流不僅澆灌了廣袤的非洲大地，孕育了非洲的文明，而且會帶你進行一次奇情之旅。而當你站在河岸邊，面對青藍如鏡、清澈平靜的河水，你會感覺它們像久遠的歌聲，總是讓人莫名地產生感動。而岸邊，則是那一派芊草綿長、椰風清影的風光，讓你體會一種非洲的別樣風情。

滾滾的沙漠、廣袤的草原、金色的沙灘、高高的雪山、濃密的熱帶雨林、最龐大的野生動物群、星羅棋布的古文明遺址、繁華似錦的城市、濃郁的民族風情……非洲的語言裡，也許沒有「完美」這個詞，但是當你穿越了非洲，你就會發現：非洲不僅僅是充滿野性，而且包含了達到完美所需要的一切因素。

如果你對非洲一往情深，那就背起行囊向這夢想的地方出發吧！但千萬不要忘了帶上紙和筆，因為在異彩紛呈的非洲，隨時可下筆成行、成章，隨時會墜入它那熱情奔放的羅網，就像墜入一片迷離的溫柔之鄉。

而當你在非洲一邊品嚐葡萄美酒，一邊看著長頸鹿、大象悠閒地漫遊、嬉戲，一邊把酒臨風，對日當歌。你就會發現，生活還有如此神奇美好的一面。

❋神祕幽暗的雨林，是斑斕大陸的又一種色調。

這裡是非洲

搜索地標：非洲北部

Sahara Desert

撒哈拉沙漠 · 非洲最壯麗的名片

—— 提到撒哈拉沙漠，人們總是會想到龜裂的地表、漫漫的黃沙、連綿的沙丘……事實上，風塵滾滾的撒哈拉沙漠，蘊藏著數不盡的瑰麗景觀，不論是一字排開的駝隊，寂寞沙洲裡悠揚的駝鈴，還是它如夢如詩的落日，都是沙漠誘人的名片，而穿越大漠，在金色的沙漠裡款款而行，更是讓許多人無限憧憬與嚮往。

「如夢如幻、又如鬼魅似的海市蜃樓，連綿平滑溫柔的沙丘，迎面如雨似的狂風沙，焦裂的大地……」如果讀過三毛寫的《撒哈拉的故事》，你對撒哈拉沙漠那一派奇趣和獨特的自然風光，肯定會魂縈夢牽，心馳神往。

撒哈拉沙漠是世界上最大的沙漠。阿拉伯語撒哈拉意即「大荒漠」，它西起大西洋海岸，東到紅海之濱，橫貫北非，面積約860萬平方公里，約占非洲總面積28.5％，如一把銳利的刀子，將非洲大陸分割成兩半：北非和南部黑非洲。撒哈拉沙漠就橫亙在非洲北部，如一張靚麗的名片，吸引著世界的眼光。

如果你沒有來過撒哈拉沙漠，你想像中的撒哈拉沙漠，應該是沒有水，也沒有樹木，是一個讓人望而卻步的地方；但不可思議的是：撒哈拉沙漠是非洲礦產資源最富集的地區

之一，地下埋藏著石油、天然氣等重要資源。在有水的地區，高大的棗椰樹、根系發達的三芒草等把黃沙瀰漫的荒野裝飾得一片翠綠。因而，撒哈拉大沙漠的風光神奇迷人，美得讓人瘋狂，美得令人目眩。

在撒哈拉沙漠中，最美麗的就是沙子。近看撒哈拉沙漠那金黃色的沙子，在太陽下閃閃發亮，如果你抓起一把，就會發現這裡的沙子比你想像的要細得多，而且感覺就像太白粉一樣柔軟。當你把手伸到沙堆裡，就會不由得驚叫起來，因為沙子並不如你想像的那樣

漫漫的黃沙，踟躕而行的駝隊。時至今日，撒哈拉沙漠帶給我們的，仍是一種亙古不變的蒼涼、孤寂與壯闊。

✦貝都因人是生活在撒哈拉沙漠中的古老游牧民族。

✦沙漠中古老的壁畫，顯示著這裡曾是一片水草豐美的人類家園。

炙熱。

站在高處，遠望一望無際的沙丘，它們如金色的絲綢般平滑柔軟；風起時，沙丘則如大海的浪花，此起彼伏，不斷變幻形狀。此時，面對著形狀千變萬化的沙丘，面對著寂靜遼遠的撒哈拉沙漠，除了驚嘆，你所有的語言，都會黯然失色。

此外，在大大小小的沙丘左右，還有一些棕褐色的岩石，這些岩石也是大自然的一種奇蹟，它們有的狀如大拇指，有的如一頭或蹲或立的駱駝……不管它們像什麼，都讓人驚嘆大自然的鬼斧神工。

在沙漠中行走，雖然不能健步如飛，卻是一件美妙的事情。累了，可以望一下前方一望無際的沙漠，可以抬頭看頭上藍得像湖泊的遼闊天空。當遼闊天空和金黃色的沙漠在遠方合二為一時，大地是如此遼遠，而人類是如此地渺小。《國家地理雜誌》曾經這樣評價過撒哈拉沙漠：「懷著浪漫夢想的人，從踏入撒哈拉的第一天起就會發現：沙漠是個真正無關風月的地方。而都市的浮躁和騷動，都會在它狂野的風沙和無際的沙海前，轉化成一個單純的信念，活下去。」事實真的如此嗎？

事實上，看似無情的撒哈拉沙漠，也有它浪漫多情的一面，特別是在無風的黃昏與夜色中，遼闊的沙漠被染成一片血色的紅，分外美麗。為了領略這宜人的景色，你可以爬上高處，此時，放眼望去，只見近處深紅的色澤在黃昏的光線下延展，撒哈拉散發著詭異的氛圍。而遠處，天空中撒滿晚霞，兩隊駱駝載客而來，悠悠的駝鈴聲，由遠而近，悠然而來，在不經意間，將你一路的疲憊洗滌一空。

晚霞、沙漠、駱駝……這就是撒哈拉沙漠的黃昏，這樣的黃昏，既讓人心曠神怡，又讓人不知身在何處。這也就難怪作家三毛是如此癡迷與留戀撒哈拉沙漠了。

太陽終於落下了山，夜色漸深。雖然有些倦意，但不能就此睡去。因為這樣，會錯過撒哈拉沙漠美麗的夜景。撒哈拉沙漠的夜，可謂是夜深如水，涼意漸起，白天裡的炎熱被一掃而光。

然而，由於帳篷裡的熱氣未散，人們都喜歡睡在帳篷外厚厚的地毯上。此時，星光閃爍，夜色中的沙漠是如此神祕，讓人難以入睡。既然睡意皆無，就只能怔怔望著滿天的繁星，思緒萬千。突然，星空中，有一顆流星劃過。於是，許多人開始數星星。一顆、兩顆……雖然沒有最愛的人在身

邊,但在撒哈拉沙漠能盡數轉眼即逝的流星,也是一件很浪漫的事情。相信多年後的某一個午後,滿頭白髮的你躺在搖椅裡,想起此情此景時,依然會溫馨如故,依然會有一份莫名的感動。

來撒哈拉沙漠,如果你不去看日出,是會留下千古遺憾的。如果想看日出,則要起個大早。當你站在沙漠中較高的地方,你會看到:遠處那一點點的紅,越來越濃,之後,天空和沙地都變成了金黃色,於是,一輪旭日從東方緩緩升起。升起後的旭日宛若巨大火球,把撒哈拉照亮。沙漠開始熱了,也開始熱鬧起來。

早晨的撒哈拉沙漠,如被水洗過了一樣乾淨,碧藍的天空中,沒有一絲雲彩,而天空下,那無比溫柔的沙丘,則綿延起伏地伸向遠方。行走於這樣的早晨,行走於這片奇特的土地上,也許你無法想像,大自然是如何將這片原本荒涼的大地幻化成瑰麗壯觀的人間奇景。

儘管無法想像,但撒哈拉沙漠,卻永遠成為非洲最亮麗的名片,那些從大漠回來的人,每每回憶時,浮上心頭的不僅有漫天的黃沙,而且還有一些莫名的感動。

撒哈拉沙漠,就是這樣一個浪漫傳奇的地方。就是一個可以去忘記,卻總是又想起的地方。

✧撒哈拉沙漠西部的鹽岩地貌,展現出一派奇異如童話世界的景象。

搜索地標：縱貫非洲大陸東部

Great Rift Valley

東非大裂谷 — 地球最大的傷疤

也 許你想像中的東非大裂谷，是荒涼的不毛之地，是一條狹長、黑暗、陰森、恐怖的斷澗深淵。事實上，當你不遠萬里，來到裂谷時，目所能及的，卻是另外一種景色：只見裂谷底部松柏疊翠，串串湖泊宛如閃閃發光的寶石。而激灩的湖光，起伏的山峰，滿目翠綠的松柏，相互交錯，在不經意間，交織成一幅異彩紛呈的非洲畫卷。

❀作為古老人類的誕生地，大裂谷帶給我們的，是一種不止用「壯闊」來形容的神聖感。

如 果你盯著一張東半球的衛星照片端詳，東非大裂谷是觸目驚心的。這條非洲大地、也是地球上最長的裂谷帶，給人帶來的絕不僅僅是「震撼」可以形容，更是一種超越了個體感官的折服與膜拜。

氣勢宏偉的東非大裂谷，向有「地球最大的傷疤」之稱，寬約幾十至300公里，深達1000～2000公尺，谷壁如刀削斧劈一般，為世界上最大的裂谷帶。由於這條大裂谷東支全長達6400多公里（西支長1700公里），接近地球周長的1/6，而且在地理上已經超過東非的範圍，所以，也有人將其稱為「非洲——阿拉伯裂谷系統」。

東非大裂谷為南北走向，它南起尚比西河的下游谷地，向北延伸到馬拉威湖北部，幾乎跨越了東部非洲的所有國家，在肯亞境內，東非大裂谷與橫穿全國的赤道相交叉，將這個國家一分為二，並因此為肯亞贏得了一個十分別緻的稱號——東非十字架。裂谷兩側，則為十分陡峭的懸崖斷壁，綿延起伏的山巒，十分險峻。

綿延不絕的東非大裂谷是如何形成的？這就要追溯到遠古時代，也就是大約3000萬年以前，這一地區的地殼大運動。3000萬年以前，這一地區為大運動時期，整個區域出現抬升現象，地殼下面的地函物質上升分流，產生巨大的張力，正是在這種巨大的張力之下，地殼發生了大斷裂，從而形成現在的大裂谷。至於大裂谷上的山峰呢？則是由於斷裂時，地下熔岩不斷湧出而形成的。高原上的火山後來變成眾多的山峰，而斷裂的下陷地帶，就成為現在大裂谷的谷底。

也許你想像中的東非大裂谷，是狹長黑暗的，是怪石嶙峋的，是人跡罕至的。事實上，東非大裂谷一帶有著十分奇特的多種自然景觀：從湖泊、植被，到野生動物，從瀑布到火山，各種各樣的瑰麗景觀，這裡可以說是應有盡有。而進入大裂谷右岸山中，可見青藤纏繞著老樹，樹間三二交叉，一派原始景象。最有趣的是，在大裂谷中，你不時會發現一株高四、五公尺的大樹的開杈處搭有一個窩巢，這樣的景色，很容易讓人想起童年那爛漫快樂的時光。

會當凌絕頂，一覽眾山小。在大裂谷，隨便登上一處懸崖，層巒疊嶂的美景就可盡收眼底。遠處，茂密的原始森林覆蓋著起伏的山巒，山坡上仙人掌、仙人球正悄然綻放，盛開著的紫紅、淡黃的花朵，將山坡裝點得如詩如畫；近處，草原廣袤，翠綠的灌木叢散落其間。起風時，則有陣陣花香，撲面而來，讓人心曠神怡。

如果說東非大裂谷是一幅異彩紛呈的畫卷，在這幅動人的畫卷中，最讓人沉醉的，就是那些水光瀲灩的湖泊了。由於這裡的雨量十分充沛，所以，大裂谷的湖泊向來是碧波蕩漾、渺無天際的。

✿大裂谷中分布著一系列明珠般的湖泊，納庫魯湖是世界上最著名的「火烈鳥」天堂。

✿大裂谷中奇異的地貌比比皆是。突兀聳立於地面的岩石，帶來一種原始洪荒的神祕。

達維爾火山

❋位於衣索比亞的達羅爾火山，是一片低於海平面120公尺的火山區域。白色的鹽床上到處散佈著黃色的硫黃，詭奇的色彩活像是個外星世界。這裡的溫度有時超過60℃，也是全世界溫度最高的地方之一。

用「湖光山色」形容東非大裂谷湖區的景色，是再名副其實不過的了。在這些湖泊中，最為著名的就是中部的納瓦沙湖和納庫魯湖，這兩個大湖不僅是鳥類等動物的棲息之地，也是東非最著名的遊覽區和最重要的野生動物保護區。而僅僅納庫魯湖內，就有400多種鳥類，其中，最刺激視覺的，非火烈鳥莫屬。這種漂亮的鳥兒喜歡結隊而行，所以，每到牠們出行時，聲勢十分壯觀。特別是黃昏時，當成千上萬隻紅色的精靈在湖面上飛翔，或者與落日共棲息時，納庫魯湖則成了一個火紅的世界。此時此刻，你就會真正感到自然界的偉大。

如果你是一個野生動物愛好者，大裂谷也絕不會讓你失望。要知道，在納瓦沙湖和納庫魯湖，生活著大象、河馬、非洲獅、犀牛、羚羊、狐狼、紅鶴、禿鷲等野生動物。無論是行走於納瓦沙，還是徜徉於納庫魯，你都能把牠們捕捉於你的鏡頭內。在這些動物中，最勇敢的就是疣猴和青猴了，即使湖區內有遊人，牠們也會視若無睹，照樣自由漫步或嬉戲。

如果累了，可以在旅店的客房休息。雖然旅店的客房只是一間簡樸的平房，不過開窗就可見到婆娑的竹影，清朗的天空，偶爾傳來幾聲鳥鳴更平添幾分寧靜。

大裂谷的雨季雖然沒有那麼多的故事可以講述，卻有著世界上最迷人的景致。在雨季裡，這裡滿目翠綠，那緞面般溫馨的湖水，天鵝絨般的草阪，天邊高懸的一抹彩虹，更是如一幅溫潤剔透的水彩畫。這樣的景致，

很容易讓人迷失，很容易讓人忘了時間，忘了自己是在天上、還是在人間。

　　除了水光瀲灩的湖泊，能讓人眼前一亮的就是那些火山了。在自然精靈的精心育化下，東非大裂谷一帶可以說是火山林立。在眾多的火山中，既有數百年不曾活動的死火山，也有經常爆發的活火山。其中，最為壯觀的活火山，就是基伏湖以北的尼拉貢戈了。尼拉貢戈火山海拔3700公尺，由於火山上空終年籠罩著濃煙，從幾十公里外都可聞到刺鼻的硫黃味。火山口有一處岩漿湖。如果你能走到火山口，就能一睹岩漿湖的風采。岩漿湖內有高溫的熔岩，在高溫的作用下，湖中岩漿紅如鋼水。每當尼拉貢戈火山爆發時，岩漿湖的岩漿，就開始如熱浪般翻滾。它們不斷從火山口湧出，不僅一浪高過一浪，而且伴有巨大的轟鳴聲，響徹雲霄。聽著巨大的轟鳴聲，看著翻滾的熱浪。你不能不驚嘆尼拉貢戈這人間少有的異景，更為這雄偉壯觀充滿生機的大自然傑作所傾倒。

✤大裂谷中的火山熔岩地貌。

　　美麗的奇峰異景只是大裂谷的一部分，它的人文奇觀，

更是讓它顯得舉世無雙。20世紀50年代末期，考古學家利基夫婦在東非大裂谷東支的西側、坦尚尼亞北部的奧杜韋谷地發現了一具史前人的頭骨化石。據測定分析，史前人生存年代距今足有200萬年之久遠，這具頭骨化石被命名為「東非人」。1975年，在坦尚尼亞與肯亞交界處的裂谷地帶，考古學家發現了「能人」的遺骨，並在硬化的火山灰燼層中發現了一段延續22公尺的「能人」足印。由此可見，早在數百萬年以前，大裂谷地區已經出現能夠直立行走的人了。而這種發現足以說明：曾經被那些自作聰明的人視為「野蠻、貧窮、落後」的非洲，實際上正是人類古文明的搖籃之一。

行走於東非大裂谷，穿行於湖光山色中，嗅著純天然的濃郁的青山綠草的氣息，傾聽著溪流輕快的流淌聲與清越的鳥鳴，快樂的心情自會油然而生。而即便這種快樂，也許只是為山澗流水拍照的一瞬間，也許是那麼的短暫，但你也會深深地體會到：你來大裂谷，是在正確的時間內，來到了正確的地方。

✤裂谷底水草豐茂的草原，是野生動物棲息的天堂。

23

搜索地標：發源於赤道以南的布隆迪高地，注入地中海

The Nile

尼羅河
．風光綺麗的母親河

如果說黃河是中國的母親河，那麼，尼羅河就是埃及的母親河了。她從千年時光隧道中，從歷史的源頭，一路迤邐而來。她那芊草綿長、柳風清影的優美風光，更是如一幅色彩斑斕的印象畫，時時向世人發出美麗而多情的呼喚。

對於埃及，這個與我們相隔千山萬水的國家，許多人可能是極為生疏，但對於那些古埃及文化的人來說，尼羅河——這條世界第一長河——雖然神祕，卻並不陌生；雖然遙遠，卻是魂縈夢牽之地。「尼羅，尼羅，長比天河。」正如這句民間諺語所描述的，尼羅河在沙漠中蜿蜒穿行，緊靠河岸邊的是大片的綠色田地，再遠處，就是茫茫無際的黃色沙漠。

發源於赤道以南、非洲東部高原之上的尼羅河，全長約6671公里，是地球上最長的河流。她在非洲撒哈拉沙漠中穿行了非常遠的距離，最後從埃及的尼羅河三角洲注入地中海。

如果你也對尼羅河一往情深，那就到這裡來看看吧，一定會讓你如願！

埃及古諺語云：「喝過尼羅河水的人，還會重返埃及。」但尼羅河究竟有什麼樣的魅力，讓人如此迷戀呢？要想真正地、最真切地感受到尼羅河氣息，最好的選擇，莫過於河上的「漂浮酒店」——單桅帆船。

❋尼羅河水滋潤了兩岸的土地，也滋養了古老燦爛的文明。河岸邊古老的建築，默默見證了歷史的滄桑變遷。

乘坐這些帆船，乘風而行，也許體會不到「兩岸猿聲啼不住，輕舟已過萬重山」的意境，但可以盡情體驗隨波漂流的感覺。而當帆船靜靜地滑過河岸，或從河上飄曳而過時，你能捕捉的鏡頭，不僅僅是河岸兩旁古老的棕櫚樹，還有遠處金黃的沙漠與綠洲。而那些藏在金字塔下的小村莊，像一幅色彩斑斕的印象畫，讓你體會到埃及的另一種風情：沉重之外的舒淡，滄桑之外的閒適。

❋尼羅河上古老的單桅帆船還保留著古老的式樣，極富古埃及特色。

烏干達第二大城市，金賈，這個地方有一塊黑底白字的石碑，石碑上刻有「這個地點標明了尼羅河從此通過烏干達的中部、北部、蘇丹和埃及，開始了通往地中海的漫長旅程」字跡。繞過這塊石碑，順坡而下，舉目四望，只見對岸高聳的青山如一道翠綠的屏障，將一望無垠的天水相隔。

柔美的白尼羅河是尼羅河上源河段。它發源於海拔2621公尺的熱帶中非山區，維多利亞湖、基奧加湖、艾伯特湖所構成的龐大湖區養育並豐盈了它；而沿著維多利亞尼羅河下行十幾公里，則會與布加哥利瀑布撞個滿懷。煙波浩渺、藍飄帶般的布加哥利瀑布，雖不能與美國和加拿大交界的尼加拉大瀑布相提並論，但是你可以與它零距離地接觸：既可以站在岸邊的岩石上，享受瀑布降落的水花帶給你的清涼，也可以去呼吸尼羅

※尼羅河三角洲肥沃的土壤上，古埃及人栽培了棉花、小麥、水稻、椰棗等農作物。天長地久地在乾旱的沙漠地區形成了一條「綠色走廊」。

河水獨有的清新香氣，或者聆聽河水的轟鳴聲。而不論哪一種方式，都會讓你深感不虛此行。

　　與白尼羅河相比，最大支流青尼羅河就狂放不羈得多了。青尼羅河自海拔2000多公尺的「非洲屋脊」——衣索比亞高原——流出後，一路向前，如注的雨水，在山坡上沖刷出萬道溝壑，並將大量的泥土捲入溪流。但當流淌於塔納湖時，它情不自禁地放慢了腳步。這樣行走30多公里的路程後，它突然飛流直下，於是，衣索比亞最大的瀑布——梯賽斯特瀑布——就近在眼前了。之後，青尼羅河一路奔騰，如脫韁的野馬般縱情奔流，奔流650公里後，轉了一個馬蹄形的大彎，最後衝出山谷，進入蘇丹南部平原的旅程。

　　儘管尼羅河一路奔騰不息地穿越了千里沙漠，但當你站在尼羅河岸邊時，你看到的尼羅河水卻是如此地青藍如鏡，如此地清澈平靜，平靜得像無聲流淌的歲月，又像久遠的歌聲。而兩岸邊，則是芊草綿長、椰風清影。尼羅河，就這樣如畫卷一樣，一點點地在你心頭慢慢展開。但溫情脈脈的河水，僅僅是尼羅河的一個剪影。在溫情脈脈的後面，尼羅河也有熱情似火的一面。那時，她會搖身一變而成脫韁的野

★乘單桅帆船泛舟河上,體
驗濃濃的埃及風情,大概要
算遊覽尼羅河最有情趣的方
式了。

馬,串起大大小小一連串的急流、險灘和瀑布。

　　青尼羅河和白尼羅河在蘇丹首都喀土穆匯合,匯合後的尼羅河主流,水量大增,流量變化加大,再納支流阿特巴拉河,然後進入埃及。尼羅河從南到北,縱貫埃及全境。在埃及首都開羅以北形成了面積2.5萬平方公里的巨大三角洲平原。尼羅河滋養兩岸的土地、孕育燦爛文明的方式可能會讓你覺得另類,那就是──泛濫。每到6～10月,尼羅河就開始定期氾濫,尼羅河的氾濫,不但不會淹沒兩岸的村莊,還會把河水從上游帶來的大量礦物質和有機質留在土地上,大量沉積在尼羅河中、下游兩岸的田野裡,於是形成了肥沃的土壤。

　　黃昏的尼羅河是最熱鬧的。這時,在帆船中有些人會唱歌跳舞,瘋狂的歌舞,似乎要把船踩沉。不想唱歌跳舞,就去河邊散步,讓落日的餘暉照在你身上,可以無所事事地看著尼羅河水,亙古不變地流向遠方。如果有時間,則可以走進岸邊的古老村落,走近這些身穿長袍紮頭巾的埃及人。當那些頭頂水桶、身穿努比亞長袍的婦女緩步走過你身邊時,你會為她們留下的曼妙剪影,會為這濃濃的異國情調,而深深陶醉。

搜索地標：坦尚尼亞

Mount Kilimanjaro

吉力馬札羅山

「赤道上的白雪公主」

雖然吉力馬札羅山「只有」100萬年的歷史，但它卻如同一位威武雄壯的勇士，默默守衛著非洲這塊美麗神奇的古老大陸。山頂常年不化的皚皚白雪，又為它贏得「赤道上的白雪公主」的美稱。當然了，讓它名聞天下的，則是《吉力馬札羅的雪》。

提起赤道，人們都知道那個地方以及周圍的許多地區，都是常年高溫，炎熱異常。但不可思議的是，位於赤道附近、坦尚尼亞東北部的吉力馬札羅山，卻是一片冰雪晶瑩的世界，是人間絕少的奇景。

而要想領略這種人間絕少的奇景，你可在坦尚尼亞平原上登高遠眺：只見遠方的地平線上，有一層紫色的薄霧在漂

❋晴日裡吉力馬札羅在雲霧中現出真容，無愧於它「赤道上的白雪公主」的稱號。

浮著，而在這雲霧繚繞之上，就是懸浮在空中的吉力馬札羅山了。吉力馬札羅山海拔5895公尺，是非洲最高的山，距離赤道僅300多公里，素有「非洲屋脊」之稱。在斯瓦希里語中，「吉力馬札羅」意為「閃閃發光的山」。而在作家海明威的眼中，它是高大、雄偉、炫目地矗立在陽光下的山，它是浪漫多情的山。

❀生長在山間的千里光樹，顯出一種非洲特有的風貌。

高聳入雲、氣勢磅礴的吉力馬札羅山，有兩個主峰：基博與馬文濟。在查加語中，「基博」一詞意為「黑白相間」，基博山峰上的白雪與黑色岩石相互交錯，如一幅雄偉壯麗的圖畫；而在查加語中，「馬文濟」一詞意為「破裂」。基博與馬文濟兩峰之間由一個10多公里長的馬鞍形山脊相連，其險峻、挺拔，可謂是首屈一指。從空中望下去，吉力馬札羅山如一個巨大的「工」字，以極為灑脫寫意的手法，譜就著人間磅礴瑰麗的奇景。

由於印度洋上吹來的海風常常被基博峰阻擋，吉力馬札羅山的山巔和山腰時有浮雲和霧氣繚繞。從遠處望去，它朦朦朧朧，變幻莫測，置身其中，讓人有一種如臨仙境的神祕之感。或許因此，它曾成為阿拉伯人心中難以抵達的仙山。而生活在山腳下的當地人，更是奉吉力馬札羅山為神明。每年，當地人都要在此舉行一些傳統的祭祀活動，比如：拜山神，求平安。

雖然吉力馬札羅山為非洲最高峰，但與其他大洲的險峰相比，吉力馬札羅山的攀登難度低了許多，不可能不成為登山愛好者的夢想之地。對於大多數登山者來說，要想攀登吉力馬札羅山，並不太難，只需借助簡單的登山工具：一根手杖、合適的服裝和堅定的意志就可以大功告成。攀登吉力馬札羅山，不用太緊張，大可以把它當做一次蜜月旅行，如果能一邊慢慢攀登，一邊欣賞山上綠草如茵、樹木蒼翠的奇景，那是再好不過的了。

❀吉力馬札羅峰頂，標誌著山峰海拔高度的銘牌。

由於吉力馬札羅山獨特的地理位置，其氣候和降水、山上的植被有著十分明顯的垂直變化。這種變化使山上山下景色迥然不同：在較低的山坡上，是肥沃的火山灰耕地，當地人在此種植了咖啡、玉米、香蕉和蔬菜等農作物，這些農作物在此茁壯成長。在較高的山坡上，是莽莽蒼蒼、盤根錯節的熱帶雨林。這些熱帶雨林高大茂密，其中有許多樹木高達10多公尺。在這些樹木中，最

珍貴的硬木是木布雷，它需要90年的時間才能成材，具有不易腐爛的特點，所以，它是當地人蓋房、做家具的首選木材。而雨林帶之上，就是如茵的草地和零星的高山灌木了。草地之上，則為高山地衣和苔蘚。再向上，就是高山荒漠和高山冰川了。

對於海明威來說，吉力馬札羅山最迷人的景致，就是雪了。吉力馬札羅山上的雪花既大，又白。一片片雪花如同潔白的羽毛，從空中慢慢地飄落。而雪花落於地上，沒有一點聲音。漫天的飛雪，將吉力馬札羅山裝點成了童話的世界，而吉力馬札羅山就是童話中的白雪公主。如果你帶你的女兒來到這裡，她一定會為潔淨、美麗、神聖的吉力馬札羅山，為童話般的世界而歡呼。

沒有落雪的日子，吉力馬札羅山會雲消霧散，不僅讓世人一睹它美麗的容顏，而且能看到冰清玉潔的山頂，在赤道驕陽的映照下，呈現出五彩繽紛、絢麗奪目的自然景色。沒有落雪的日子，吉力馬札羅山的輪廓也變得非常鮮明，

1 ✿ 黃昏時分，「赤道雪峰」又現出一派與白日裡截然不同的嫵媚風姿。

2 ✿ 基博峰頂，豎立著紀念1889年首次登頂的歐洲人──德國地理學家漢斯·梅爾的紀念碑。

那光彩奪目的雪冠、蒼翠朦朧的山體、無邊無際的綠色草原都歷歷在目。而沿著那緩緩上升的斜坡，雖然不是通向天堂之路，卻可以將人引向長長的、扁平的山頂，引向吉力馬札羅山的主峰基博峰。

在基博峰峰頂，有一個真正的巨型火山口，火山口的直徑約2400公尺、深200公尺。流光溢彩，美麗絕倫的吉力馬札羅山為什麼會有火山口呢？這是由於它處於東非裂谷帶斷層交會處，這裡的火山活動在歷史上一度極為強烈。只是近年來，由於火山處於休眠狀態，冰雪代替了火焰，這裡才變成一片冰川的世界。火山口的四壁不僅有晶瑩無瑕的巨大冰層，火山的底部也聳立著千姿百態的巨大冰柱。

從遠處望去，冰雪覆蓋的火山口宛如巨大的玉盆。而皚皚白雪的峰巔和銀蛇蜿蜒曲折般的巨大冰川，構成了一片白色的世界。行走於這個世界，很難不浮想聯翩。既然吉力馬札羅山是冰天雪地的世界，是否意味著這裡與世隔絕呢？事

實上，在綠草如茵、樹木蒼翠的吉力馬札羅山四周的山林中，生活著一些哺乳動物，其中一些還是瀕臨滅絕的種類。因而，在吉力馬札羅山，你可在黎明日出和黃昏日落時看到斑馬、長頸鹿等各種熱帶動物在悠閒地漫步。牠們世世代代生活在這座大山周圍，已經把這裡當做了伊甸園。這裡的動物為什麼如此悠閒呢？這源於當地政府的保護措施，以及吉力馬札羅豐厚的物產，給這些性情溫馴的龐然大物提供了良好的生活環境，讓牠們無憂無慮在此繁衍生息。

　　吉力馬札羅山，如教皇頭頂璀璨的王冠，如非洲的一顆明珠，在遼遠的非洲草原上熠熠生輝，但由於近年來，一些人亂伐森林，導致空氣十分乾燥，地球溫室效應不斷加劇，吉力馬札羅山這座雪山正在融化。長此以往，吉力馬札羅山的流光溢彩、美麗絕倫，肯定會消失在歲月的長河中。而如果想挽留這曠世奇景，方法很簡單，而且人人都能做到，那就是熱愛自然，保護環境。只要人人能做到這一點，相信多年之後，你再次來到吉力馬札羅山，當你站在高高的雪頂時，盡收眼底的，依然是一個夢幻般的吉力馬札羅山，一個冰帽雪冠的童話世界。

☀吉力馬札羅的雪，因海明威的文字而聞名遐邇，也因其自身的光華四射而令人難忘。

搜索地標：中部非洲

Congo River

剛果河

· 中部非洲的绮麗走廊

如果把它比喻做一首曲韻悠揚的歌，它的曲韻，也許沒有尼羅河那樣綿長悠遠，但它是沒有汙染的，是青碧悠然的。而它沿途的紅樹沼澤，濃密叢林，眾多的急灘、峽谷和瀑布更是為它增添了幾許的魅力，為世人留下了一道綺麗的風景線，它就是剛果河。

如果說金字塔是埃及的代名詞，那麼，剛果河就是剛果的代名詞了。而要想盡情領略剛果風情，只消沿著剛果河行走就可以了。

剛果河曾名薩伊河，長度僅次於尼羅河，是非洲第二大河。它發源於尚比亞北部高原，在西南流經沼澤地帶後稱盧阿普拉河，再向北流入姆韋魯湖，之後又折向西北與盧阿拉巴河相匯合，向北在剛果盆地繞一個半圓形，西流入大西洋。

剛果河流域最美麗的一段，就是剛果河下游的「走廊」了。剛果河一路奔騰，到下游時，河面變窄，多峽谷、急流和瀑布。自布拉薩乘船上行，你首先邂逅的是姆巴穆島，姆巴穆島是由剛果河常年衝擊而成的沙洲。徜徉於小島上，只見島上綠樹成蔭，碧波細浪，風景如畫。

船過了瑪魯古‧特雷，就到了聞名遐邇的「走廊」。遠遠望去，「走廊」山峰高聳入雲，其險峻陡峭讓人望而卻步。進入「走廊」，可見河水湍急，如一匹匹奔騰的駿馬，一路急轉奔流地遠去，船行其間如走在兩山的夾縫中，在這樣的夾縫中行船，只能小心翼翼。一路有驚無險地走出了「走廊」，就到了小鎮姆布亞。這時，河面豁然開朗，極目四望，只見兩岸沙洲、島嶼連綿不斷。而島嶼和沙洲上叢叢的綠樹、鬥艷的繁花、風格別緻的座座漁舍，給人們呈現出一幅多姿多采的風情畫。而河面上，順河而下的串串木排，首尾相接，不知道這些木排從哪裡來，又將流向哪裡，但此時它們帶給我們的，卻是莫名的感動。

再往上行，即是剛果魚鄉重鎮莫薩卡。莫薩卡是剛果河、桑加河、利夸拉河和博科索河相匯合的地方。在這裡，河流縱橫交錯，小橋相互交叉，行走於其間，自然會想起水上城市威尼斯。

雖然小鎮莫薩卡與威尼斯並不能相提並論，但卻有著自己獨特的風情。特別是捕魚季節到來時，漁民們會全家出動，整天泛舟捕魚。這時在河面上不僅可以看到穿梭的漁舟，還可看到白色的鳥群。而在捕魚的人群中，還可見一些背著孩子、搖槳撒網的女人。

雨季時，小鎮莫薩卡又是另一派生活景象，這個季節，漁民們或賣魚、或種地、或修船補網。如果你這個時候來到莫薩卡，可以坐在停靠於岸邊的小船上，一邊看書、一邊欣賞飛鳥，但千萬不要忘了帶上紙和筆，因為在詩情畫意的莫薩卡，你溢彩流光的詩句隨時可下筆成章。

✢在河畔世代居住的當地人，一直過著與河相伴、與世無爭的寧靜生活。

✢剛果河流經的剛果盆地，是非洲最「綠」的地方之一。

搜索地標：發源於安哥拉和尚比亞境內，流入印度洋。

Zambezi River

尚比西河 別具風情的非洲畫

在尚比亞，連時間也會停下腳步的，也會為風光奇秀的尚比西河所沉醉，而在時間停止的時光裡，你可以任由水波清碧、青峰巍峨。兩岸林木蔥鬱的尚比西河，帶你與大自然進行零距離接觸，帶你進行一次奇情之旅。

尚比西河發源於安哥拉中東部和尚比亞西北部高地，流經安哥拉、尚比亞、納米比亞、波札那、辛巴威、莫三比克等國，全長2660公里，是非洲南部最大的一條河流，也是非洲第四大河。與尼羅河、剛果河和尼日河相比，它要小一些，但它卻以河網稠密、支流眾多、艱險壯觀而名聲遠揚。

從河源至維多利亞瀑布處為尚比西河的上游。這一段流經高原地區，不僅有彎曲的河道，眾多的沼澤，而且還有許多美麗動人的神話和傳說。據說，在很久以前，真主曾騰雲駕霧地來到這裡。對於真主的到來，這裡的草和樹木都很高興，大家都低頭彎腰表示歡迎。但出人意料的是，一棵大樹卻直挺挺地立在原地。這讓真主很不高興，一氣之下，真主把傲慢的大樹從中腰折斷。受到懲罰的大樹很難過，就大哭了起來。而它的眼淚則從樹根下的洞穴裡源源不斷地流出來，在地上流成一條河。對於大樹的不幸，其他的小河非常同情，於是，大家紛紛靠攏過來，天長地久，就形成了一條大河，這就是尚比西河。

在上游，漂流於風景秀麗的尚比西河上，是一件很愜意的事。泛舟河上，不僅可以觀賞到岸邊高聳的棕櫚樹，而且還可以與叢林中的長頸鹿、大象、羚羊、犀牛等野生動物不期而遇。當你一邊品嚐葡萄美酒，一邊看著長頸鹿、大象悠閒地漫遊、嬉戲，一邊把酒臨風，對日當歌，你就會發現，生活還有如此閒適的一面。

從維多利亞瀑布至卡布拉巴薩為尚比西河的中游，這一段最是引人入勝。在長達130多公里的峽谷區，原本溫馴的河水變成了脫韁的野馬，一路奔騰呼嘯，勢不可擋地向前。

✤小村莊外，尚比西河緩緩流過，給喧囂的南部非洲帶來一種少有的寧靜與安詳。

由於這裡河道狹窄，河水湍急，沿河兩岸峭壁聳立，從而形成一道一夫當關，萬夫莫開的天險。

　　與中游相比，卡布拉巴薩以下的下游河面要寬廣許多，而且水流更舒緩一些。特別重要的是，這一段可以通行輪船。在輪船上，遊人可將河心沙洲和岩島上蔥鬱的林木，兩側奇峻的峽谷和瀑布一覽無遺。尚比西河的下游多瀑布，而且這些瀑布的聲勢十分壯觀，有一些瀑布無須走到近前，在幾十公里外，就能看到它們蘑菇雲般的水霧，聽到如千軍萬馬的咆哮聲，而近觀，又很容易會被它們那種從天而降的氣勢震撼，令人一生難忘。站在瀑

布頂端看瀑布，則可見一道道白練，直落谷底。不經意間，水霧光線的折射下，一道美輪美奐的彩虹就橫於天際間。

　　觀賞完瀑布，可以到瀑布旁的手工藝村落一遊，要知道，木雕一向被譽為非洲藝苑中最艷麗的一朵奇葩。對於你來說，也許無法帶走如油畫一樣美麗的尚比西河，但你可以把木雕帶回家喔！

　　當你遠離了尚比西河，回到所生活的城市，面對一成不變的生活時，你可以拿出木雕，而每每面對它時，關於尚比西河的種種片斷，就會清晰地勾勒出一幅別具風情的非洲畫，會在平凡的日子裡，有著些許不平凡的感動。

搜索地標：赤道兩側，剛果盆地區域

Tropical Rainforest

熱帶雨林 ·綠色的神話空間

非洲，對多數人來說是一個謎、一個夢、一個常常引人無限遐想的地方。而茂密的熱帶原始森林，終年常綠，不僅源源不斷地向人類提供了生命賴以生存的氧氣，而且如環繞地球的一條翡翠項鍊，為非洲這個野性天堂裡又增添了一道亮麗的風景。

望無際的草原、遮天蔽日的熱帶雨林，構成了非洲大陸特有的美麗圖畫。而其中的熱帶雨林，最讓人心馳神往。非洲的熱帶雨林始於剛果盆地，西抵大西洋，東至東非大裂谷，是僅次於亞馬遜河流域的世界第二大熱帶雨林，它總面積達200萬平方公里，簡直是一個熱帶植物王國，這裡不僅樹種繁多，而且有3000多種林木是非洲獨有品種。

沒有去過濃密的熱帶雨林的人，總以為雨林中滿是殘根斷枝、腐葉爛草，泥濘不堪，霉濕的氣味讓人忍無可忍，事實上，熱帶雨林並非你想像的那樣，熱帶雨林的樹木不僅終年常綠，而且還源源不斷產生生命賴以生存的氧氣，所以，它向有「地球之肺」之稱。

與遼遠的沙漠相比，茂盛的雨林則如一個神話世界：到處山泉汩汩，鳥雀爭鳴。走進這個神話世界裡，只見各種植物層層疊疊，密如網狀，既有數十公尺高的喬木，也有低矮的灌木和各種苔蘚植物。這些植物從上到下，高低錯落地散落於林間，組成互相依附的熱帶植物群落，其中，參天的大樹與纏繞的藤蘿、繁茂的花草相互交織成一座綠色的迷宮。

在熱帶雨林中，最常見的是那些高大挺拔的喬木，這些喬木高達四、五十公尺，它們拔地而起，高聳入雲，樹幹直徑足有五公尺左右。最有趣的是它們的樹冠，總是緊密相連，像一對生死相依的戀人，讓人體會到詩人舒婷的那首《致橡樹》中意味深長的意境：「根，緊握在地下；葉，相觸在雲裡。每一陣風吹過，我們都互相致意。」由於巨大

✿中部非洲熱帶雨林中生活
著地球上已為數不多的大猩
猩，牠們現在也已面臨著減
絕的危機。

✿雨林中生長的許多樹木都
是珍貴的樹種，給其所在國
帶來了巨大的經濟利益。

的樹冠遮天蔽日，所以，行走其中，可謂是抬頭不見天日。但腳下的地面大多都很堅實，空氣中既沒有腐葉爛草的氣息，也沒有什麼其他的異味。如果深深地呼吸，則會感覺一股清新的空氣沁人心脾。

在熱帶雨林的上空，陽光有些無奈，即使是中午，它也不能肆無忌憚地落在高大的樹木上，既然不能落在高大的樹木上，它就只能鑽進葉隙間，星星點點地落在樹底下半人多高的巨大蕨類植物上。由於蕨叢間霧氣瀰漫，濕漉漉的蕨葉上反射出點點亮光，如鑽石的光芒一樣璀璨。而光亮之外，是大片大片的灰綠色濕滑的苔蘚，這些苔蘚在地表上叢生著，與古老的蕨類植物相依相伴，相互糾結，而密如蛛網的匍匐植物和藤本植物，則攀爬、糾結在巨大的樹幹上。樹幹之上，是許多寄生的蘭科植物，正迎著陽光悄然綻放，那艷麗的小碎花，給人平添一種溫馨的感覺。

陳奕迅在《熱帶雨林》中唱道：「明明並非夏季，但我竟會覺得熱。」在密不透風的林中行走，確實是如此。由於林中盡是植物相互糾結的小路，而頂上不斷地有大顆大顆的水滴從樹葉上掉下來，地面的水氣不斷地往上升騰，然後又在樹葉上積聚成水滴掉下來。因而，人們在其間行走，總是大汗淋漓。但這裡卻既是植物的王國，也是動物的樂園。沿林間小路前行，林中不時地會有隻疣猴跑出來，見有人在，牠頑皮地尖叫幾聲，又快速地鑽入茂密的叢林中，一會兒就不見蹤影。行走林間，一切都是靜悄悄的，偶爾有一道陽光透過頂上的樹冠射進來，霧氣繚繞的光柱則清晰可見。

由於非洲森林終年高溫潮濕，適合樹木成長。所以，非洲成為世界上熱帶木材的重要產地和出口地區。而在非洲森林中，最值得一提的就是加蓬欖，加蓬欖具有生長快、樹幹挺直、成材率高、木材紋理美觀的特點，是很好的用材樹種。不過對於一個家具商來說，他比較鍾情的應該是非洲桃花心木，非洲桃花心木質地輕盈、木紋漂亮，是製作家具的首選。而與非洲桃花心木相比，非洲梧桐樹則體輕色淺，如果用它來製作膠合板和造船，是再適合不過了；而樹身高大、木色深紅的紫檀樹，則由於質地堅固耐用，理所當然地成為紅木中的上品。

行走於非洲的熱帶雨林中，最易浮想聯翩，有時甚至想到自己搖身一變，成了美麗的白雪公主。其實，即使你在這童話般的熱帶雨林一直走下去，走到天荒地老，你也不會變成白雪公主，但可以遇到小矮人——俾格米人。有著古銅色

皮膚，頭髮卷曲呈棕紅色、牙齒被銼得整整齊齊的俾格米人，被稱為「世界上最矮小的人種」，他們的身高最高不超過1.5公尺。儘管這些人生得如此矮小，但他們卻是非洲熱帶雨林的主人。

對於現代人來說，狩獵是件很原始、很刺激的事情，但熱帶雨林中的俾格米人，卻是以此為生。所以，俾格米男人個個射箭技藝高超，人人都是能追善射的捕獵高手。

儘管俾格米人的生存條件是如此艱苦，但他們卻依然快樂地生活著，並且對於外來的人，非常友善且樂於助人。如果你有機會來非洲熱帶雨林，如果有機會和他們生活一段日子，相信你再走出這片雨林時，心境就會變得像俾格米人一樣豁達、開朗；相信你無論面對任何事，都能坦然面對。

熱帶雨林，雖然沒有美麗的公主，沒有動人的童話，但它潮濕的環境、參天的大樹、纏繞的藤蘿、繁茂的花草、矮小的俾格米人，卻向人展示了另一個異彩紛呈的神祕非洲，一個價值不菲的植物寶庫。相信任何熱愛冒險的人來這裡，都會被它巨大的王蓮、翩翩起舞的跳舞草、多彩斑斕的花葉深深吸引，忘記了時間流逝，只沉浸在另一個神異的、與世隔絕的空間中，完成一個自己終生尋求的夢。

土著在雨林中搭建的天橋，凌空而設，對於外來者而言，簡直是一種對勇氣的巨大考驗。

搜索地標：非洲東部的廣闊地區

The Savanna

稀樹大草原

美麗盡在自然中

非 洲的稀樹大草原是一個性情變化很大的地方。在這裡探險，很容易迷路。但為了能沐浴金
色的陽光，為了一睹金合歡樹的美麗，為了呼吸清新的草香，為了體驗天際蒼穹的壯闊與
絕美，為了觀賞獵豹追趕斑馬、獅子撕裂羚羊、紅鶴與冠雞相爭、鵜鶘與火烈鳥並飛的景象，許
多人對非洲稀樹大草原，還是樂此不疲。

✢天空蔚藍，陽光純淨得彷
彿可以用來呼吸，大草原帶
給旅人的，是一種久違了的
放縱和歸屬感。

所 謂稀樹大草原，其實不用解釋，就是遼遠的大地上點綴
著稀疏幾株或簇生喬木的莽莽草原。這種景色，在非洲
可以說是十分常見，特別在東非，更是比比皆是。

由於非洲稀樹大草原為全年高溫的氣候，一年中有明顯

的乾、濕季變化，降雨量為500～1000毫米，集中在雨季。所以，非洲熱帶草原的植物具有旱生特徵。大草原上大部分是禾本科草類，草高一般在1～3公尺間，大都葉狹直。雖然非洲稀樹大草原雨季與旱季的景色有著天壤之別，但無論你何時來到這裡，都可以體會到與眾不同的非洲風情。

如果到達非洲的時候正趕上旱季，便能一睹整個稀樹大草原一片枯黃的蒼涼景象。面對這樣廣袤的萬古荒原，當一片蠻荒和蒼涼的景色撲面而來的時候，不能不產生一種時光倒流了幾萬年的感覺。

如果能站在一處較高的地方極目四望，便能見到遠處蔚藍色的天空被山丘上那一片參差不齊的松樹林支撐著，黑黝黝的松樹林如一條連接天與地的絲帶。近處，幾棵合歡樹亭亭玉立，而合歡樹的樹冠狀如古代皇帝出行時儀仗隊的華蓋，十分巨大而引人注目。金色的陽光灑在懶洋洋的樹冠上，立於樹上的，是一些說不出名字的鳥兒，牠們一天天地翹首期盼，牠們是在期盼草肥水美的雨季，還是一去不返的愛人呢？我們無從得知。但我們知道的是：牠們已在稀樹大草原守候了多年，並且還要繼續守候下去。

雨季來臨了。焦躁的河床任由急速的洪水沖刷著；低窪的地方變成一片片沼澤；枯死的野草開始起死回生，並以驚人的速度瘋長起來。之後，草原上草木蔥蘢，萬象更新，一派生機勃勃的景象。特別是大草原的早晨，更是別有一番動人的景致。行走於大草原的早晨，千萬不要忘記了深呼吸，因為清新的草香正四處瀰漫著，而連綿起伏的青山則像披上

✿歸程的牧群，行走於落日餘暉中的牧人，給黃昏的草原添上了一筆盎然的生機。

✿馬賽人是東部非洲草原上剽悍的游牧民族。

塞倫蓋蒂草原。玫瑰色的薄霧籠罩中，一株阿拉伯樹膠樹，孤零零地守望著日出。

了一層綠綠的毛毯，被雨水洗過的天空更是純淨如鏡。而開闊一些的草地上，是星星點點細軟如絲的紫金草，它們給偌大的草原增添了幾分美麗和空靈。

置身於這仙境般的大草原，即使不是初次來到這裡的人，也會高興得像孩子一樣振臂歡呼，或者會在草叢中快樂地打滾，嬉戲。當草原的晨風吹來時，你不僅可以感受到青草沁人的芳香與清涼，可以聞到金合歡花那讓人沉醉的芳香，還可以聽到織布鳥在天空盤旋時的鳴叫。那如電影中慢動作起伏的草浪，更易讓你迷失、窒息。風大時，放眼望去，非洲草原化做了波濤洶湧的綠海，到處都是青翠欲滴的迷人景色。此時，面對如此風情萬種的草原，你除了努力地眺望四周，將最美麗的景色鏤刻於心底，其他所有動作與表情都是多餘的。

除了宜人的風光，稀樹大草原還有許多動物。動物們為什麼會愛上這裡呢？這是因為這裡氣候溫和，水草豐美，是野生動物繁殖和生長最理想的地方。據說，海明威也曾多次來這裡觀賞動物，並於1935年寫成了《非洲的青山》一書，書中描述的就是野生動物們多彩多姿的生活。也許你不是作家，但你依然在這裡觀賞到形形色色的野生動物，當你看到成群結隊的飛禽走獸在這裡無憂無慮地生活時，便會享受到大自然的另一種情趣。

稀樹大草原一望無際，行走其中，如果你感覺累了，可以什麼都不做，可以任由遼遠的曠野依然如畫卷一樣緩緩鋪開，任由徐徐清風，吹亂你的頭髮，而那在曠野遠處緩緩移動的長頸鹿，那在稀疏的樹木間奔跑著的麋鹿，那四處覓食的獅子、野牛以及閒庭信步的鴕鳥、羚羊，因為距離遙遠，這些景象都變成一種似近似遠、似有似無的夢境。如果不是荊棘間啾啾地鳴叫著的小鳥在提醒你，你真的忘記了自己是置身於非洲，是置身於一片蔥蘢的大草原中。這種和諧安然的自然環境，可以讓久居都市的你，拋卻一切壓力與煩憂，徹底融入到奇妙的大自然中，成為草原上空最美麗的一片雲朵，甚至一絲微風，在草原中幸福地徜徉，體會到一種久違的輕鬆與快樂。這樣的日子一生雖然也許只有幾天，卻已足夠了。

天高雲淡，望斷南飛雁。非洲稀樹大草原，就是如此讓人漫不經心，但當你離開時，你才會發現，你已深深地愛上了這片深情的土地，儘管你只是一個匆匆的過客。

✤肯亞馬賽馬拉草原上悠然漫步的野牛。

搜索地標：非洲的幾乎每個角落

Animal World

動物世界

· 生生不息的天堂

非洲棲息著斑馬、大羚羊、長頸鹿、獅子等各種你想得到和想不到的動物。遊走其間，就如同置身於一個繽紛多彩的樂園，在這個樂園裡，你可以在與動物共朝夕中，遠離塵世的煩惱。

非洲對於許多人來說，是一個夢想之地，因為這裡不僅有長滿金合歡樹的無邊原野，有吉力馬札羅雪山，有丹麥女作家凱倫刻骨銘心的愛情，有文學大師海明威留下的足跡，而且還有一些極其珍貴的野生動物。

當長途飛行抵達非洲後，或許還倒不過時差，或許還有些恍惚，但如果你是一個動物愛好者的話，你的選擇就絕對沒有錯誤。因為非洲是一個繽紛多彩的動物世界。

徜徉於非洲這個動物天堂與樂園中，你可以在荊棘叢中看到悠然徜徉的長頸鹿。長頸鹿是陸地上最高的動物，性情溫和。由於個子高大，牠們喜歡吃高樹上的嫩枝和樹葉。現在，這些長頸鹿結隊而行，給人的感覺不是一群行走的動物，而是飄動在草原上的色彩斑斕的花朵。這色彩斑斕的花朵與迂迴的小河、清澈的河水、金黃色的沙灘、綠油油的草兒相互映襯，成為非洲獨有的美麗景象。

更遠處的草原開闊地，一隻隻長頸鹿在綠海中盡情地遨遊，牠們一邊懶散地向前行走，一邊看著四周。長頸鹿不快不慢地前行著，如同一個個在花園中散步的貴夫人，將自己的高傲、美麗、尊貴淋漓盡致地展示著，而牠們那結實的身軀，卻早已被團團綠色緊緊簇擁。

再遠處，就是羚羊了。羚羊可以說是最具非洲特色的動物，而且是食草動物中種類最多的動物，多達40多種，其中，最為著名的是大羚羊、牛羚、大彎角羚，黑羚羊和長頸羚羊。大羚羊體重600～900公斤，角長1公尺，是羚羊中體形最大的一種。牛羚是東非和南非特有的動物，在外形上，真的是與眾不同，既像極了公牛，又特別像馬，因而，人們又叫牠角馬。而此時，羚羊們在安靜吃草，盡情享受著自己豐美的早餐。

如果說羚羊是比較可愛的動物，那麼，非洲獅就是讓人聞風喪膽的凶猛動物了。儘管人們對牠望而生畏，但如果來到非洲，沒有看到牠，肯定會有一種深深的失落。而要想看非洲獅，最好去開闊一些的地方等待，因為牠喜歡在開闊的原野上生活。

如果你是開車觀賞動物，你也許就會在草地上發現脾氣暴躁的凶猛動物——非洲野牛。這些非洲野牛一定讓你大開眼界，牠們樣子像牛，個體龐大，頭上是一對尖尖的彎角。據說野牛力氣也大，如果生氣就會大發雷霆，無所畏懼地直衝對手，用彎角把對方挑得稀巴爛。但平日裡的野牛遠沒這麼駭人聽聞，大多數時候都會表現得如你想像一般溫馴。大部分時間，很多野牛都懶洋洋地臥在草地上，反芻自己的食物，只有少數在走來走去，警戒地巡視著四周。而在非洲野牛的牛背上，一些鳥兒很愜意地跳來跳去，有的鳥兒甚至跳上了牛的腦門和鼻梁，而野牛似乎一點也不生氣。為什麼對於這些鳥兒，野牛一下子變得溫情脈脈呢？其實，最重要的一個原因，是因為這些鳥兒——紅嘴牛鴉——喜歡吃牛身上的虱子、牛虻等寄生蟲。正是因為有了紅嘴牛鴉，野牛才不會被這些寄生蟲叮咬得忍無可忍，甚至滿地打滾。所以，紅嘴牛鴉與非洲野牛才能和睦相處，才能相互依存，共同譜寫著大自然最和諧的樂曲。

❀織布鳥是動物世界中的能工巧匠。牠的巢全靠自己採集樹葉、草莖編織而成。

如果你是在9月份來到非洲，那就真是一大幸事了，這個時候正可以欣賞到世界上最偉大的自然景觀——動物大遷徙。

動物們為什麼要遷徙呢？答案只有一個：是為了尋找水源和牧草。每年9月，雨季開始喚醒大草原，這時，約150萬頭牛羚和斑馬開始了大遷徙行動。這時從飛機上俯瞰，只見動物遷徙的場面特別壯觀，浩浩蕩蕩的遷徙隊伍一路向前，像千軍萬馬，氣壯山河地在草原上一掃而過。

❀列隊行進的非洲象一家，讓我們感到的不僅僅是非洲風情的狂野，更是一種融融的親情。

看動物大遷徙，最好是選擇傍晚時分，找個沒什麼遮蔽物的位置，靜靜地等候著這一偉大時刻的來臨。當成群的角馬、大羚羊們鋪天蓋地經過時，牠們發出的聲音就像一個巨大的割草機，隆隆作響，震耳欲聾，而廣袤草原的寧靜就在一瞬間被打破。

遷徙隊伍過後，留給大地的是平均每天450噸的糞便。而當旱季到來時，遷徙隊伍又從南部平原移到北部林地，並且要在那裡生活幾個月。雖然牛羚、斑馬等動物每次遷徙的目的都相同，但牠們的遷徙路線卻每年都會有所不同。無論走哪一條路線，每次遷移，動物們都要經歷許多艱難險阻，經歷更多的生死較量，甚至付出生命的代價。

那些飢餓的獅子和豺狼，對遷徙的動物虎視眈眈，讓遷徙之路變得危機四伏。而那些弱小的動物，比如：小牛羚或小斑馬，常常成為獵殺的目標。特別是在穿越森林與河流時，動物們必須要與守候多時的鱷魚進行生死搏鬥。所以，對於一些動物來說，大遷徙只是一次死亡之旅。但對於大多數動物來說，儘管如此，遷徙帶給牠們的，是肥美的食物，幸福的生活。

耳朵上高高立起的兩簇毛，是非洲獰獾最明顯的標記。

在非洲，如果走累了，可以找處樹頂休息。站在樹頂的屋頂露台上，可以近觀或遠眺。這時，你能捕捉的鏡頭，依然是那些可愛的動物，那在水塘裡打滾嬉戲的野牛，那在架空的一樓穿過去又穿過來的大象，那母狒狒背上趴著的小狒狒，也許牠們不明白，你的視線為什麼緊緊地跟隨著牠們不放，也許在你走後，牠們記不得你來過這個地方，但對於你來說，牠們卻是風雨人生路上最珍貴的收藏。

Chapter2

狂野天堂

搜索地標：坦尚尼亞

Serengeti Plain

塞倫蓋蒂大草原

流動不息的土地

大多數來到塞倫蓋蒂的人，是為了欣賞動物遷徙的壯觀景象。其實，塞倫蓋蒂真正令人心醉神迷的是它的自然風光，是它隨著氣候不同，而變化萬千的景觀，不論是那綻放著潔白花朵的木棉樹，還是草原上被勁風吹拂的馬賽人，都一樣精彩，不能錯過。

如果你聽過德德瑪那曲《美麗的草原我的家》，難免會對綠草、奔馬、白雲、藍天的大草原產生無限神往之情。與其嚮往，不如親自造訪非洲的塞倫蓋蒂大草原，造訪之後你會發現，塞倫蓋蒂大草原比那首歌中所唱的更為美麗動人。

塞倫蓋蒂大草原，即塞倫蓋蒂國家公園，位於坦尚尼亞西北部，靠近維多利亞湖區。大草原有150萬公頃，當你一進入遼闊的草原，就會有耳目一新之感。在這裡，你不僅可以體會到「天蒼蒼，野茫茫」的遼遠意境，而且還可以欣賞到千姿百態的動物。這片大草原向以擁有現今極大規模的動物群落而聞名遐邇，最為著名的動物有牛羚、斑馬、羚羊、獅子、鬣狗。此外，還有300多種鳥類。

　　與豐富多彩的動物相比，塞倫蓋蒂大草原的植物則顯得有些稀少，主要植物是馬唐、鼠尾粟、金合歡等。旱季的塞倫蓋蒂大草原，除了零星的茅草，幾乎成為了一片沙漠的世界，這時，你舉目四望，大地看上去是一派蠻荒和蒼涼。置身其中，很容易有被放逐、甚至是被世界遺忘的感覺。但就是在如此荒蕪的地方，那叢叢的紅燕麥草，那片片浮雲般的金合歡林，那斑駁陸離的猴麵包樹，卻頑強地生長著，譜就著生命生生不息的讚歌。

　　如果你在雨季造訪塞倫蓋蒂大草原，首先映入你眼簾的將是大片大片的濃綠。如果來的時候正好是它的豐收時節，那麼，美麗的波蘿蜜樹和綻放出潔白花朵的木棉樹，就會不時與你撞個滿懷。在塞倫蓋蒂，你最好起個大早，因為這裡的早晨，空氣格外地清新，在清新的空氣中，綠油油的草兒，會慢慢舒展著自己的腰肢，而草葉上那晶瑩的露珠，也綻開了自己的毛孔，盡情呼吸著清爽的空氣。而當草原的風輕輕吹來時，遠處金合歡花的芳香就會在空氣中瀰漫。清爽的空氣，沁人心脾的花香，除了在塞倫蓋蒂，世界上還會有哪一個地方讓你如此心曠神怡？

　　塞倫蓋蒂大草原也是世界上大型哺乳動物密度最高的地方，這裡生活著種類繁多的動物，不管是牛羚、斑馬、羚羊，還是獅子、斑鬣狗，凡是在《國家地理》雜誌、

來到塞倫蓋蒂，你一定不會失望。因為它已具備了你想像得出和想像不出的一切有關非洲的浪漫元素，而這些元素在你眼前盡情鋪展。

《動物世界》等非洲野生動物紀錄片中提到的動物，你都可以在這裡大飽眼福。這些動物不僅為塞倫蓋蒂增添了獨特的魅力，也為它帶來勃勃生機。每天早晨，牠們早早出來，或吸著新鮮空氣，或在山坡上吃著青草，或在草原中悠閒地散步，都成為草原上一道道流動的風景線。

而塞倫蓋蒂大草原另一道流動的風景線，則是動物大遷徙。每年五、六月間，龐大的斑馬群和牛羚群匯聚在塞倫蓋蒂大草原，開始行程500公里的向西遷徙。如果你此時來到這裡，從空中俯瞰遷徙的場面的確是蔚為壯觀。如果你置身草原，總是在還未看到遷徙隊伍時，就聽見遷徙隊伍發出的氣壯山河的聲音，驚天動地。在遷徙隊伍中，唱主角的是牛羚和斑馬，除了牛羚和斑馬，你還可以見到為數眾多的瞪羚以及其他動物。正是因為眾多的遷徙動物，遷徙隊伍的陣容與聲勢才變得如此浩浩蕩蕩；大遷徙才成為了塞倫蓋蒂大草原，甚至是世界上最偉大的遷徙景觀。

✤在遼闊的大草原上乘熱氣球做一次野性飄流，已經成為越來越多旅人的心願。

如果你錯過了大遷徙的景觀，也不要感到遺憾，因為你可以看到獅子、獵豹、鬣狗捕食的景觀。而要看獅子、獵豹、鬣狗捕食，塞隆勒拉山谷的長草平原是首選之地。在那裡，集中了全非洲最多的獅子和獵豹。當你在那裡沿著河谷而行，如果發現遠處有幾輛車一動不動，一定是有獅子或獵豹在該處出沒。

一般來說，如果獅子或者獵豹發現了獵物，牠們會先等待一會兒，然後再慢慢地靠近獵物，再突然發起攻擊，而正在吃草的動物也會意識到危險的逼近，牠們停止進食，開始警戒地張望。突然，不知道是誰帶頭，大家都以最快的速度開始四處奔逃。而獅子或者獵豹自然也不會放棄就要到手的美味，開始緊追不放。於是，一場關於生與死的追逐，就這樣生動地拉開了帷幕。

在塞倫蓋蒂大草原，你不時會與動物擦肩而過，有時，還能遇到大草原的主人——剽悍的馬賽人。這些身著紅色的長袍、趕著牛羊的馬賽人，似乎是與外界隔絕，但當草原勁風吹起他們的衣裙，他們腰間的手機則暴露了另一個事實，那就是：現代文明之風已勢不可擋地吹進了這片土地。

如果你乘飛機俯視塞倫蓋蒂大草原，你可見奔跑著的動物散落在稀疏的樹木間。如果你沒有機會再來這片神奇的土地，相信這些都將成為你一生中最美麗的剪影。

搜索地標：坦尚尼亞

Ngorongoro Crater

恩戈羅恩戈羅火山口

非洲的「世外桃源」

恩戈羅恩戈羅原本是一個與世隔絕的「世外桃源」，這裡不僅有外形與月球相似的火山口、有蔥茂的林木、有豐盛的水源，而且還聚集著大量的大型哺乳動物。雨季過後，草原上各種各樣爭相競放的花兒，會將火山口裝點成一個色彩繽紛的世界。

✤火山口中生活的獅群，據說全都是當年遷徙進火山口的15隻獅子的後代。

關於火山口，對於大部分人來說，是神祕而陌生的，而能親眼目睹火山口的人，更是少之又少。但如果你來恩戈羅恩戈羅，就能幸運地成為那少數人中的少數人。

被列入《世界遺產名錄》的恩戈羅恩戈羅自然保護區，位於坦尚尼亞北部，它西接塞倫蓋蒂國家公園，東連馬尼亞

拉湖國家公園，佔地80944平方公里。恩戈羅恩戈羅自然保護區內最聞名遐邇的，就是恩戈羅恩戈羅火山口。恩戈羅恩戈羅火山口寬度為14.5公里，深度從610～762公尺，直徑約18公里，底部直徑約16公里，占地總面積廣達264平方公里，是世界第二大火山口。從遠處看，火山口的形狀像一個大盆，「盆壁」陡峭，外形與月球火山口極為相似。火山口四周非常寧靜，除了風吹動樹葉發出的沙沙聲，這裡可謂是死一般地沉寂。站在火山口遠眺，只見近處6座海拔3000公尺以上的山峰拔地而起，高聳入雲。而山下那彎彎曲曲的流水、那粉紅色斑點的湖泊，則變得渺小而朦朧。

＊與其他地區的動物相比，火山口地區的動物要幸福得多，因為這裡即使在旱季，也有充足的水源。所以動物們就無須經歷遷徙的艱險與勞苦。

＊乘坐越野車穿行在繽紛的動物間，這並不是一個遙遠的夢，如果你來恩戈羅恩戈羅，牠們都將真實得觸手可及。

　　由於火山口內大部分是草地，因此，最好是在雨季後來這裡，此時，牽牛花、羽扇豆、雛菊及罕有的藍色苜蓿花爭相綻放，妊紫嫣紅的花兒，與一片片翠綠的草地相互映襯，構成了一片色彩繽紛的童話世界。

　　在恩戈羅恩戈羅火山口，最讓人羨慕的是那些動物。為了保護這些動物，當地政府在此設立了恩戈羅恩戈羅自然保護區。現在，在保護區內安家落戶的動物種類繁多，總頭數多達40000隻以上。其中大型哺乳動物有50多種，包括：獅子、大象、犀牛、河馬、長頸鹿、猴子、狒狒、疣豬、鬣狗，以及各種羚羊。鳥類有200多種，包括：紅鸛、鴕鳥、野鴨、珍珠雞等。

　　在火山口內，數量最多的動物就是紅鸛了。每天黃昏時，幾百萬隻紅鸛聚集在火山口底部的鹹水湖上，如在湖面上鋪撒一層玫瑰色的薄紗。有一些紅鸛沿河岸散步或覓食，牠們不緊不慢，始終不忘保持淑女的優雅風度。有時紅鸛們會在天空盤旋，當牠們從天空一掠而過時，與火山口內綻放的各種花卉、植物交相輝映成趣。

　　當旱季來臨時，火山口內便慢慢由綠變黃，然後變成淺黃褐色，繼而成為一片深褐色的世界。在這片褐色的世界裡，馬賽族牧人的輕柔腳步聲總是由遠而近，他們帶來的不僅是被陽光曬得褪色的禾草的沙沙聲，還有對雨季與生活的希望。

　　正是這種對生活滿懷希望的信仰，人類才能到達一個個目的地，才能一次次超越自己。

搜索地標：肯亞

Lake Nakuru

納庫魯湖 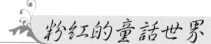 粉紅的童話世界

到了非洲，如果你想觀賞鳥的話，納庫魯湖應該是首選之地。在納庫魯湖棲息的火烈鳥達200多萬隻，占全球總數的1/3。無論是在湖邊，還是站在高處極目遠眺，納庫魯湖這個「觀鳥天堂」，都會帶給你無數火烈鳥振翅起舞，與落日紅霞、湖光倒影相映成趣的美麗奇景。

華茲華斯曾說：「我不知道還有什麼別的地方，能在光影的幻化之中，展示出如此壯觀優美的景致。」雖然湖畔詩人這句話指的不是納庫魯湖，但納庫魯湖的確是一個讓人銘心刻骨的地方。

一向有「觀鳥天堂」之稱的納庫魯湖，位於肯亞首都奈洛比西北150公里處，其遼闊的湖灘、豐富的水草、繁多的浮游生物和良好的水質，為以浮游生物為食的鳥類們提供了充足的天然餌料。因而這裡成了眾鳥的樂園與天堂，在這個不大的湖區裡雲集了450種禽鳥，其中最為著名的就是火烈鳥和鵜鶘。據說，火烈鳥數量最多時，有將近300萬隻。

火烈鳥，又名大紅鸛，因體表有著火紅美艷的羽毛而得名。牠們多棲息在溫帶鹽湖水濱，在淺灘涉行，以小蝦、蛤蠣、藻類，以及一些昆蟲等為食。覓食時，牠們的頭總是往下浸，嘴倒轉，這樣，就可以輕鬆將食物吮入口中，並且把多餘的水和不能吃的渣滓排出，然後再徐徐吞下食物。由於牠們性格怯懦，所以，特別喜歡群棲。一般情況下，火烈鳥往往成千上萬隻、甚至多達10萬隻以上聚集在一起，一個挨一個緊密地排列著，與雁類相似的叫聲此起彼伏，震耳欲聾。

一天中觀賞火烈鳥的最佳時間，是清早或黃昏。所以，為了觀賞火烈鳥，最好別怕辛苦，起一個大早。此時，納庫魯湖一片靜寂，你可以沿著小路向前，穿過一片熱帶雨

年幼的東非狒狒，在納庫魯湖畔的路標牌上嬉戲。

✻這世上再沒有什麼地方可以比納庫魯紅得更鮮艷、更徹底。因為，這裡的紅色流溢著旺盛的活力，因為它是有生命的紅。

林，找一個較高的地方，居高臨下，就可以將整個納庫魯湖
一覽無遺。

隨著時間的流逝，你會發現納庫魯湖湖面的火烈鳥越來
越多，這些火烈鳥大聲啼叫著，鶯歌啼囀間，原本一片寂靜
的湖面，開始變得生機盎然。也有一些火烈鳥飛向空中，牠
們展著紅羽，時高時低，在天空劃出無比優美的弧線，一時
間，天空充滿了詩情畫意。

朝陽升起來了，陽光下的湖面湛藍湛藍的，而火烈鳥則
彷彿是鋪在這塊藍布上粉色的星星。這時，如果從飛機上向
下看，納庫魯湖遍地通紅，就像一塊巨大的紅地毯，又宛如
一片在泥沼原野上沸騰的紅色波濤，是那樣美不勝收。

對於火烈鳥來說，最危險的動物就是鬣狗了。別看鬣狗
憨態可掬，十分笨拙，卻是火烈鳥的天敵，不少老弱病殘的
火烈鳥，就葬身於牠的口中。所以，一看到鬣狗，驚恐萬狀
的火烈鳥總會成群地騰空而起。

對鬣狗來說，火烈鳥只是自己的美味之一。除了火烈

✢納庫魯湖畔漫步的白犀牛。

鳥，牠最喜歡吃的鳥兒，就是鵜鶘。鵜鶘外表上看起來有些笨拙，跑起來像鴨子似地左右搖晃，多數時間都是在岸上，有時也喜歡到水裡游泳。

因而，在納庫魯湖邊，你可以找一處很高很陡的懸崖，坐在那裡靜靜地等待，會有不菲的收穫。當你架好相機，點上菸，也許不到一支菸的工夫，便會有鵜鶘從不同的方向向你划來。

由於鵜鶘常成群生活，所以，此時你看到的鵜鶘，不是一隻，而是幾十、幾百、幾千……鵜鶘們很快匯集了近萬隻，這些鵜鶘隊形整齊，猶如被訓練過的士兵一樣，從容游動著。當你為眼前的景象所震撼時，鵜鶘們又開始變換牠們的陣形，在你眼前翩翩起舞，其舞姿雖然比不上天上的仙女，卻也像精心排練的一樣，充滿激情和活力。此時，你只有扔掉菸以及紛雜的思緒，不停地按動快門。

不一會兒，一些鵜鶘上岸了。牠們有的在岸上曬太陽，有的在耐心地梳洗著心愛的羽毛。當鵜鶘在高空翻轉、飛翔時，如果你看到牠突然從高空俯衝而下，那一定是牠看到了漫游在水中的魚兒。然後，牠招呼其他鵜鶘，一起下水排成直線、或半圓形進行包抄，把魚群趕向河岸水淺的地方，於是，那些魚兒就理所當然地成為了牠們的囊中之物。

在納庫魯湖邊，如果你待的時間長了，這些鵜鶘就會成為你的朋友，甚至有時你會與牠們達成一種默契，比如：只要你吹上一聲響亮的口哨，牠們定會一齊抬頭望向你，給牠們拍好「集體」照後，牠們就又開始各自忙著，或覓食、或理毛、或「咕咕」地交頭接耳。

雖然很多人來納庫魯湖是為了觀鳥，但納庫魯湖卻常給人意外的驚喜，比如：與野生白犀牛的邂逅。在肯亞，只有納庫魯湖有野生白犀牛。野生白犀牛是很大膽的動物，幾乎不怎麼把人放在眼裡，當牠看到觀光車時，會大搖大擺地從車前穿過，如果牠發現觀光的車隊靠近，就會用犀利的牛角衝向汽車，直到汽車逃之夭夭，否則，牠就會誓不罷休。

當你從納庫魯湖邊回來，已是燈火初上，而營地賓館的餐廳已備好了西式晚餐。儘管這裡遠離了奢華的城市，但晚餐依然很豐富。最有趣的是，昏暗的餐廳亮著燭光，在燭光下，慢慢品嚐葡萄酒或啤酒，無疑是一生中難得的浪漫享受。就這樣在納庫魯湖的濃濃夜色中，讓人感覺進入的是一個童話的世界。

✻湖岸漫步的鵜鶘。

✻除了已被打上「納庫魯製造」標籤的火烈鳥，成群的鵜鶘無疑也是納庫魯另一道美麗的風景。

搜索地標：坦尚尼亞

Lake Manyara

馬尼亞拉湖

大裂谷裡的鳥類天堂

馬尼亞拉湖是去恩戈羅恩戈羅的必經之地，也是美國著名作家海明威描述的非洲最可愛的地方。這裡不僅有會上樹的獅子、會爬樹的巨蜥和淺色火烈鳥，而且還有蒼翠的林木、清澈的湖水、清新的空氣與秀麗的景色。

❊外形笨拙的河馬在許多人眼中是一種「平易近人」的動物。其實牠們性情極為暴躁，傷人指數甚至位居非洲動物之首。

海明威在《非洲的青山》一書中，曾經描寫過在馬尼亞拉湖宏偉的狩獵場景，並稱馬尼亞拉湖為「人間天堂」。說馬尼亞拉湖為「人間天堂」，也許有些誇大其辭，但說它是「鳥類天堂」，則是恰如其分。因為在方圓140平方公里的馬尼亞拉湖區內，棲息著200多萬隻火烈鳥。

相信看過《遠離非洲》的朋友們，一定不會忘記最浪漫

的經典片段：男女主角一起乘直升機，在一片平如鏡面的湖面上劃過，而湖面成千上萬隻火烈鳥騰空飛起，彷彿把天空點燃了。事實上，如果你能來到馬尼亞拉湖，馬尼亞拉湖將再一次給你呈現出如此恢宏壯觀的場面：火烈鳥雲集湖區，一字排開，綿延數公里，當牠們一起飛過湖面時，紅光閃爍，勝似彩霞。這樣的場面，讓人不知道

✦馬尼亞拉湖岸漫步的長頸鹿。

該用怎樣的筆墨形容它的壯美。但用「驚鴻一瞥」一詞來比喻，實不為過。

　　在20世紀30年代，如果你來到馬尼亞拉湖，可以提著獵槍，享受「隻身打馬過草原」的豪情。如今，由於政府把這些動物眾多的區域管制起來，任何屠殺野生動物的行為都是犯法的。所以你只能站在開啟頂棚的車內，偶爾經過動物的身邊時，匆忙煞車。在一片快門聲中，將牠們用鏡頭牢牢地捕捉。雖然這有些遺憾，但正是因為當地政府的保護政策，這個地區的野生動物才能無憂無慮地生活。

　　由於這裡多為山路，所以，當你驅車在林海花潮中穿行時，不時地會有狒狒、猴子等靈長類動物出現。這些動物們已經習慣了遊客所乘坐的各種吉普車，當車子開過時，牠們或是抓虱子、或是吃東西、或攀爬玩耍，根本沒把越野車以及車內遠道而來的遊客當回事。

✦生活在湖區的非洲象。來湖邊飲水、「沖澡」是牠們每日必做的「功課」。

　　馬尼亞拉湖，去恩戈羅恩戈羅的必經之地，行走非洲的一個小小的驛站，這裡無景不美，無處不幽，完全沒有城市的擁擠和喧鬧，即使在遮天蔽日的林中，聽聽鳥鳴，你內心深處的塵埃與雜念，也會在不經意間被蕩滌殆盡，而悠然心中的，只有清清的風，淡淡的雲，水墨畫般的雲影。

搜索地標：盧安達

Kagera National Park

卡蓋拉國家公園

·「千丘之國」的生動剪影

盧安達素有「千丘之國」之稱，而位於盧安達東北部地區的卡蓋拉國家公園，則屬於「千丘之國」一個最生動的剪影，這裡不僅山清水秀，環境優美，而且山巒起伏，河流縱橫，特別是卡蓋拉河，它如一條銀帶在卡蓋拉國家公園一路逶迤。

位於盧安達東北部地區的卡蓋拉國家公園，建於1934年，它規模十分龐大，占了整個盧安達國土面積的1/10。由於卡蓋拉河沿公園東側由南往北流過，整個公園就呈現山巒起伏，河流縱橫，湖中有島，島中有湖的風光。

卡蓋拉風景如畫，無論從哪一角度觀看，風景都那麼迷人。近看，不遠處是高大的綠樹、鮮花盛開的山巒。山坡上，是叢生的灌木與高大的林木。遠看，山谷間，是如鑽石一樣鑲嵌的大小湖泊。其中，最大的湖泊是伊海馬湖，它面積有75平方公里，從高處俯視，清澈碧藍的湖水波光粼粼，澄澈可見。

儘管河馬是陸生哺乳動物，但牠們過的卻是水陸兩棲生活。所以，如果你在公園的深水中看到游泳的河馬，你不必大驚小怪。河馬一向以河流和湖沼為「家」，吃喝拉撒，甚至交配、分娩、哺乳都在水中進行。一般來說，白天，河馬會一動不動地待在水中，或者將前半身擱在河灘上。對於人類來說，要常常連續幾個小時待在水中，而且要不發出任何聲響，是一件很累人的事情，但對於河馬來說，卻是很愜意的一件事。在水中時，牠把河水當做了水床，累了就閉目養神，渴了就喝河水。即使牠們與飯來張口、衣來伸手的生活尚有一段距離，但小日子過得也算悠然自得，其樂無窮。

*徜徉在伊海馬湖畔，那明艷的草地、嬉戲的野生動物們會讓你眼前一亮。

夜幕降臨時，河馬不得不從水中上來，回到湖岸上覓食。如果你站在湖岸邊，就會發現這些河馬總是按照年齡的順序，先小後大，井然有序地從水中一一上岸，整個過程中，沒有一隻河馬插隊、或者爭先恐後。面對牠們，那些做什麼事總想插隊的人，應該自慚形穢。

尊老愛幼一向是人類倡導的文明，而當這種文明被物慾橫流的社會衝擊得越來越淡然時，河馬的這種表現，不能不讓人類重新反思：在日新月異的社會中，有多少彌足珍貴的美德，正流失在歲月的長河中？

搜索地標：尚比亞

Kafue National Park

卡富埃國家公園

夕陽照耀下的神奇土地

卡富埃國家公園是一片讓人讚歎的神奇土地，古老的卡富埃河在國家公園的大草原上緩緩地流過，穿過森林，流向遠方，在夕陽的照耀下閃著耀眼的銀光，而不遠處的雲彩越來越低。這樣的地方，雖然有些粗獷荒涼，卻好像有靈魂在徜徉。

卡富埃國家公園俯瞰。

建 於1950年的卡富埃國家公園，位於尚比亞國境中西部，雖然面積僅有2.25萬平方公里，卻因氣候溫暖如春，降雨量充沛均衡，草原廣闊，森林茂密，而成為尚比亞最大的野生動物保護區，也就成了許多遊人的夢想之地。

卡富埃的空氣裡充滿著非洲少有的濕潤氣息，這樣的氣息，很容易讓人沉睡不醒。但四周的原始森林和茫茫的草原中，不時走過的一群群動物，卻讓人努力地睜大眼睛，享受這不容錯過的時機。

動物中最有意思的是斑馬。斑馬們總是排成一條直線，首尾相連、有條不紊地走著。在這支紀律嚴明的隊伍中，有一些棕色的小斑馬。不要以為牠們是什麼變異了的品種，其實小斑馬出生時都是如此，長大後才變得黑白相間。儘管紀律嚴明，但還是有一些成年斑馬在低聲細語，你儂我儂。不用多說，你也會明白，牠們是戀愛中的斑馬，而且已到了如膠似漆的地步。

在卡富埃國家公園，除了斑馬，就是鱷魚的天下。在河邊，如果你發現河邊的枯樹枝突然顫動，站在樹枝上的鳥兒突然無影無蹤，那鳥兒一定是成了鱷魚口中的食物。平時，鱷魚總是在河邊安靜地曬著太陽，甚至幾個小時都會紋絲不動，但牠一發現有機可乘，就會張著血盆大嘴，發起攻擊。

原始、野性、驚險，或許就這是卡富埃國家公園引人入勝的獨特魅力。

搜索地標：辛巴威

H wange National Park

大象王國‧萬蓋國家公園

萬蓋國家公園位於辛巴威的西部，與波札那接壤，是辛巴威境內最大、最主要的動物保護區，以其秀麗的風景、宜人的氣候、珍奇的野生動植物而聞名遐邇。早在19世紀，萬蓋國家公園就是祖魯的皇家狩獵場。

在萬蓋國家公園這片廣闊的天地之中，有眾多的飛禽走獸自由自在地生活。萬蓋國家公園內的野生動植物種類豐富。僅公園內哺乳動物的種類就超過100種，鳥類接近400種。其中，數量最多的是大象，公園內現有大象7萬多頭，其數量之多，可以說是在世界首屈一指。

旱季，特別是在傍晚時分，通常會有成群的大象出現。不管是在覓食，還是在漫步，這些大象都動作緩慢，看上去十分悠閒；但這些龐然大物，發起怒來可以將一棵大樹連根拔起。牠們一點也不擔心其他猛獸的襲擊，因為如果哪個動物敢招惹牠們，牠們就會一腳把牠踩成爛泥。

在成群的大象中，有很多由公象、母象和幼象組成的小家庭，公象、母象在前，一邊撕扯灌木上的樹葉，一邊不斷送進嘴裡咀嚼，而小象與媽媽形影不離。有時，趁著媽媽不注意，牠會調皮地玩弄地上的青草。

看著大象一家幸福的生活，呼吸著萬蓋國家公園的新鮮空氣，你旅途的倦意，會一點點地隨風而去。

黃昏降臨，暮色染紅了樹林，染紅了湖岸，也染紅了這草原上美好一日的終程。

Masai Mara National Park

馬賽馬拉國家公園

險象環生的「天國之渡」

馬賽馬拉，它是原野、是浪漫、是狩獵、是猛獸的代名詞。它一望無垠的草地上，不僅散佈著成群的斑馬、長頸鹿、羚羊和轉角牛羚；洋槐樹林中更是遍布著鳥類和猿群；在寬廣的娜西阿拉沼澤地裡，大象和非洲水牛無憂無慮地生活，如果牠們想打滾，絕對沒有誰會反對。

馬賽馬拉位於肯亞西南邊境地區，因馬賽人和馬拉河而得名，是地球上大型野生哺乳動物最集中的棲息地。這裡有著世界上數量巨大的食草動物群落、數不清的鳥類和非洲數量最多的獅子，因而不僅吸引了世界各地的遊客，同時也贏得了「非洲野生動物觀光第一站」的美譽。

從飛機上俯視馬賽馬拉，這裡唯有一望無際的雜草叢

✤馬拉河向來是動物們遷徙的必經之河，由於險象環生，這條河向有「天國之渡」之稱。

生，馬拉河及其支流逶迤其間。早季時，這些河流是涓涓而流，清澈見底，河流兩岸是一片蒼翠青碧的景色；雨季時，這些河流則變得十分湍急，浩浩蕩蕩，裹著泥沙、捲著樹枝，一瀉千里。

每年9～10月間，會有幾十萬頭角馬和成群的羚羊、斑馬、大象、犀牛，從坦尚尼亞北部的塞倫蓋蒂大草原「漫步」到馬賽馬拉。當這些動物經過時，草原上先是響起悶雷一樣的聲音，接著會騰起漫無邊際的黃塵，之後，就會有角馬群疾馳而來。面對那橫掃一切的磅礴之勢，每一個人都會感覺到震撼。

✤草原上徜徉的斑馬，也是非洲大陸一道著名的風景。

從表面看，馬拉河不寬，但它渾濁的河水中卻藏著凶險的尼羅鱷。雖然尼羅鱷的視力不是太好，但卻可以根據地表的震動，準確判斷出角馬遷徙時的必經之路，知道牠們將在哪裡渡河。於是，這些尼羅鱷就會不約而同守在那個地方。只要牠們一看到角馬，選準時機，張口就咬，一瞬間，不幸的角馬就成了鱷群口中爭奪的美食……儘管「天國之渡」危機四伏，但最先到河岸的角馬大軍，特別是衝在最前面的幾匹角馬，還是縱身一躍，跳進馬拉河，勇敢地衝向對岸，而其他角馬也前仆後繼地跟隨著。此時，馬拉河沸騰起來，受傷角馬的慘叫聲、嘶鳴聲響成一片。

站在馬拉河邊，目睹著這驚心動魄的景象。這時，你心中會豁然開朗：為什麼非洲人把馬拉河稱為「天國之渡」，這是因為在此殞命的角馬——是一種偉大的犧牲，正因為這種犧牲，才能讓更多的同伴順利地到達彼岸，而犧牲者的靈魂也因此進入天國。

✤馬賽馬拉因馬賽族人而得名，而馬賽人也讓這片草原因他們而變成了非洲最迷人的狂野天堂。

除了動物的遷徙，遊客們最感興趣的，就是具有傳奇和神祕色彩的馬賽人了。在這片猛獸出沒的大草原，馬賽是享譽東非的戰士民族，以游牧為生。現在，馬賽馬拉的馬賽人，依然基本上保持著原始的生活習慣。戰士全都留著長髮，披著紅色或褐色的馬賽布，婦女則剃光頭、或只留短髮。行走於馬賽人的村莊，就如同行走於原始社會的某一個部落，無論是用帶刺的乾樹枝圍成的柵欄，還是牛糞搭建成的結實堅固小屋，都會讓你有恍如隔世之感。

而青山之上，那飄起的彩色熱氣球，正在慢悠悠地升上草原的藍天。青山、草原、藍天，身處馬賽馬拉，你會發現自己的語彙突然變得貧乏。

搜索地標：南非

Kruger National Park

克魯格國家公園
·南非的草莽天堂

雖然這裡的一切與奢華無關，但這裡野生動植物的多樣性與美麗的自然風光，相映成趣，如果你置身其中，每天都會有不同的發現、不同的體驗。

誰也不會懷疑南非這個神奇國度處處都可能存在著驚喜。如果你乘飛機從空中鳥瞰，在大都市的高樓華城之後，便是遼闊壯麗的原野，是一片草莽禽獸的天地。但最讓人不可思議的是：繁華的都市與蒼茫的原野間，沒有一點過渡，就像電影中兩個未曾剪輯過的片段。草莽禽獸的天地——克魯格國家公園——就這樣活生生地呈現在你眼前。

✤在克魯格國家公園生活的非洲黑斑羚。

這裡背靠雄偉的山峰，前依一望無邊的大草原，當低沉的獅吼如箭一樣劃破微微泛藍的夜空，尚在沉睡中的人及動物就會被喚醒了。這便是南非克魯格國家公園——草莽禽獸的天堂。小河邊，羚羊、猴子、鬣狗、水牛、野象等動物，像是事先約好的一樣，一群群、一隊隊來到河邊喝水。而當夕陽的最後一抹餘暉在林中慢慢消失後，那些動物又在漸漸暗下來的天色中，一群群、一隊隊地悄然離去，如同那夕陽一樣，不留一點兒痕跡。

雖然克魯格國家公園總面積達2萬平方公里，大小相當於英國的威爾斯，但這裡卻是南非最大的野生動物園，也可以稱得上是非洲大陸野生動物最多的地方。據統計，公園內擁有137種哺乳類動物，49種魚類，132種蟲類，493種鳥類，並且擁有世界上分布密度最高的猛禽類，其中還包括15種鷹類。

當你站在高處，鳥瞰到的是克魯格國家公園猶如一床巨大的綠色棉被，而棉被上面縱橫著的密密匝匝棉線，就是公園內密布的公路。當你乘坐在行駛於這密密匝匝公路上的車輛中，可以感受到與動物近距離接觸的歡欣與快慰。一路上，劍角羚羊、非洲長尾猴、鱷魚、野豬總是迎面而來。如果你正在沉思、或正陶醉在窗外美景時，一頭非洲花豹猝然橫立在車前，齜牙咧嘴地盯著你，會讓你感受最驚險的一瞬間。此時，你只能屏住呼吸。如果非洲花豹見你並無惡意，牠就會自然地慢慢離去，消失在叢林深處⋯⋯

✤儘管在造訪克魯格國家公園之前，你可能會遍閱資料、自信對於這裡的一切並不陌生，但當你真的踏上這片神奇的土地時，恐怕仍然得感慨萬千：上帝把如此美麗的天堂賜給了南非人。

晚上，你仍然不必離去，大可以繼續沉醉在克魯格國家公園。這附近有一家兩層樓的賓館。吃完晚飯後，閒來無事可到院子裡走走，或者在院子中那圓形的游泳池邊找一把沙灘椅躺下，隨著時間一點一滴地從你的指縫間流去，那滿天的繁星，就會迫不及待撲入你的眼簾。

偶爾一陣風吹過，彷彿飄來一種妙不可言的聲音，在黝黑得深不可測的夜晚，傾聽著這樣的聲音，你心中那如煙的往事，都化做溫情的花兒，次第綻放，然後隨風而逝。第二天醒來，你會發現：昨夜，你破天荒地沒有失眠。

搜索地標：坦尚尼亞

Selous Game Reserve

塞盧斯野生動物保護區

濃墨重彩的風景畫

在許多人眼中，塞盧斯是一個遙遠而荒涼的地方，不過，如果你實地造訪，必定會看到一個與想像完全不同的塞盧斯——一個雲霧繚繞著崇山峻嶺，森林茂密蓊鬱，河川交織如網，大小湖泊星羅棋布的動物樂園。

如果你想尋找一處完全保持著原始狀態的大自然，來放縱一下心情，那就來塞盧斯野生動物保護區吧！這裡可以讓你如願以償。

被列入《世界遺產名錄》的塞盧斯野生動物保護區，位於坦尚尼亞東南部，占地面積5.6萬平方公里。在這個「野生動物的世界」，不僅棲息著20萬頭水牛、10萬多頭非洲大象、8萬多匹斑紋角馬、5萬隻駝鹿、2萬多頭河馬，而且還有世界上最大的犀牛群、鱷魚群。

或許由於這裡渺無人煙，一直保持著最自然的原始狀態，才能成為名副其實的「野生動物世界」。

　　車輛行走於塞盧斯野生動物保護區內，便如同行走在濃墨重彩的風景畫中，只見遼闊的平原，一望無際；崇山峻嶺，被雲霧繚繞；原始森林茂密蒼鬱，大小河川交織如網，大小湖泊星羅棋布，而鱷魚與河馬，就生活在星羅棋布的湖泊中。鱷魚可以說是這裡的「河中之王」，即使是河馬看到牠們，也會趕緊遠遠地離開。但初生之犢不怕虎，當動物都四散而逃時，只有幼小的犀牛還待在原地，牠雖然不知道發出隆隆響聲的「怪物」到底是什麼，卻準備好用頭上的角，隨時進行反抗。

　　如果驅車沿著保護區內的泥路前行，一棵棵高大的棕櫚樹會不時從眼前一晃而過，它們灰白色的樹幹如電影中的特定鏡頭，深深印在人們對非洲的記憶中。舒古里瀑布是這裡的著名景點。在寬達1500公尺的峭壁上，大瀑布驟然跌下，萬頃銀濤化做千堆雪玉，跌入深深的峽谷中。峽谷中，雪浪翻滾，湍流怒湧，轟隆雷鳴，如山嶽般震撼、搖動著大地。風和日麗的日子，迷濛的水霧在陽光的反射下，呈現出絢麗的彩虹。

　　塞盧斯最讓人難忘的也包括那些有趣的猴子。也許是因為這裡的猴子對遊人與車子早已司空見慣，所以，當旅遊車接近猴子時，牠們一點也不躲藏，有些膽大的還出人意料地跳到汽車頂上，隨著汽車的奔跑而做著滑稽的動作，逗你捧腹大笑。

　　在塞盧斯野生動物保護區內，有一種叫「馬魯拉」的大樹讓人深感好奇，這種「馬魯拉」樹上的黃綠色果子，是大象的美味佳餚。由於大象十分貪吃，每一次都會將整棵樹上的果實吃光。吃完後，牠就去喝水。也許因為吃得太飽，喝的水太多了，加上肚裡的溫度，果實加水就發酵成了酒。不一會兒，大象就像醉漢一樣，開始跳舞，牠一邊開始搖晃巨大的身軀，一邊高聲吼叫，可掬的醉態讓人忍俊不禁。

　　在塞盧斯，除了乘觀光車在野生動物保護區內遊玩，你還可以過過打獵癮，雖然體驗時間短暫，卻將是你一生中最意猶未盡、最難以忘記的一段旅程。

搜索地標：波札那、納米比亞

Kalahari Desert

喀拉哈里沙漠　荒漠野樂園

浩瀚的紅褐色沙丘、比比皆是的乾涸河床，既訴說著這裡曾經的滄海桑田，又展示著現代意義上的荒涼。然而，就是這樣的地方，卻孕育著沙海深處的綠洲、瑰麗壯美的草原、零星的金合歡、多刺的灌木叢、可愛的動物，形成了這片土地的別樣風情，使其充滿了神祕的誘惑。

❀喀拉哈里沙漠中生長的千歲蘭是一種極其耐旱的沙漠植物。

世界上的沙漠很難說是自然的饋贈，但喀拉哈里例外。這片荒涼卻又生機勃勃的土地，與其按人們習慣叫它做「沙漠」，倒不如稱它的地理學名字「喀拉哈里盆地」來得貼切些。喀拉哈里，面積約63萬平方公里，是非洲南部內陸乾燥地區的總稱，主要位於波札那和納米比亞境內。

置身於喀拉哈里，放眼望去，那被烈日曝曬的原野、茫茫的赤沙彷彿都延伸到了世界的盡頭。然而，如果你認為這裡只有一望無際的沙漠，你就大錯特錯了。

在喀拉哈里，每年都有雨季，雖然短暫，卻形成了喀拉哈里與眾不同的奇特景觀。從東北到西南，在茫茫荒漠與金色的沙丘之間，或有灌木、刺槐散佈，或草場、森林相連，其間長角羚跳躍、大象慢移，將茫茫荒漠點綴得如詩如畫。

一月，喀拉哈里的生物們終於熬過了炎熱的旱季，迎來了喀拉哈里的「新年」——雨季。在喀拉哈里，一年中雖然只有3個月的雨季，但充沛的雨水卻像母親的乳汁一樣，盡情滋養著這片土地。雨季中，喀拉哈里北部與東北部雨水豐沛，植物生長繁盛，地面上不僅覆蓋著鮮嫩的青草，而且還散落著一些濃密的矮樹叢和高大的樹林。這些濃密的矮樹叢和高大的樹林，還有藏在深處的鹽沼，就是南非長角羚、大象、斑馬、紅鸛等動物們的樂園了。

大雨過後，喀拉哈里沙漠到處閃現著欣欣向榮的景象。早晨，喀拉哈里沙漠從一片祥和中醒來，四周一片寂靜，涼爽的天氣中，冒出來一

✦這就是喀拉哈里沙漠的神祕所在,對於人類來說,喀拉哈里有著太多的驚奇,充滿著太多神祕的誘惑。但對於動物們來說,一切都不重要的,最重要的是在雨季裡,雨水一次次注滿草原的水塘,這時,牠們可以無憂無慮地生活,可以終日飽食。

雨季來臨，喀拉哈里一掃枯黃，化身為一個生機勃勃的水鄉澤國。

小半的太陽，懸在遠處的稀草處，如一幅濃墨重彩的水墨畫，美不勝收。

此時，南非長角羚也從迷離的夢境中醒來了。長角羚之所以得名，當然與牠們的長角有關，牠們的雙角一般有120公分長，長角末端尖銳如同刀劍，因此又叫「劍羚」。南非長角羚不僅視覺和聽覺都很敏銳，而且有很高的警覺性，一有風吹草動，牠們就會以最快的速度逃生。而此時，牠們卻優哉游哉，有的趴在一棵矮樹下，對著太陽莫名其妙地發呆，有的開始向遠處走去，而不遠處，沙漠裡的熱氣開始被蒸騰起來，迷離的霧氣彷彿童話裡的世外仙境。

雨季的傍晚，喀拉哈里成為了動物的天堂。這時，在夕陽的映照下，我們可以看到這樣讓人感動的場景：成群的大象在河中洗澡，有的大象在戲水，有的大象張著大嘴在打哈欠，牠們幸福的表情自然無以言喻。

雨季過後，旱季來臨，太陽蒸發著地面上的每一滴濕氣，狂風橫掃廣袤的喀拉哈里沙漠，天地間一片塵土飛揚。塵土飛揚的旱季中，南非長角羚要艱難度日了，大部分時間，牠們要靠植物的根莖充飢。其實，不僅僅是南非長角羚，在酷熱中，在長長的旱季裡，所有的動物們都是這樣強韌地生存著。

和這些動物一樣習慣了如此殘酷的沙漠環境的，還有喀拉哈里沙漠中的布希曼人，他們比動物活得更加有聲有色：10～15人組成一個團體去尋找食物和水源，累了就睡在用樹枝和草搭建的簡易房子中。

對於生活在大都市的我們來說，這種清苦的生活，簡直是難以想像的，甚至是不屑一顧的。但對於淡泊物慾的布希曼人來說，他們習慣了這樣無慾無求、沒有矛盾和紛爭的生活方式。

喀拉哈里沙漠，這個距離現代化大都市僅有300多公里的地方，如一個世外桃源，向芸芸眾生發出親切的呼喚。這裡雖然沒有城市的繁華似錦，卻保留著最原始、質樸、純粹的生活方式。

愛情、親情、房子、車子、權力……在物慾橫流的社會中生活久了，你是否感覺到了不堪重負？那就擠出一些時間，來喀拉哈里吧！看看在殘酷沙漠環境中生存的動物，和布希曼人一起享受最簡單的生活。喀拉哈里沙漠，也許無法滿足你的某些物慾，但卻可以讓你學會如何享受簡單生活，返璞歸真，放飛自我，淡泊名利。

搜索地標：盧安達

Virunga Volcanoes
維龍加火山群

大猩猩的美麗家園

在 維龍加火山，林木茂盛的山坡會讓你產生與世隔絕的感覺，而山區獨有的野生動物，會讓你獲得在非洲最興奮的野生動物體驗。當你恰好遇到成群的大猩猩，無論你事先做了怎樣的心理準備，你依然怦然心動，興奮不已。

如 果你看過傳記電影《薄霧中的大猩猩》，你對動植物學家黛安·福西就不會陌生。而黛安·福西曾這樣描寫維龍加火山：「這種感覺太妙了，舊火山噴發將近一萬五千英尺，緊密地覆蓋住富饒青翠的雨林。」

維龍加火山國家公園就座落於盧安達極西北處，這裡不僅有常綠林、竹林、草地、沼澤、常青灌木等在內的高度融合的山脈生態系統，而且是稀有的山地大猩猩的家園。

如果你選擇在維龍加火山做一次長途跋涉，將會有許多的驚喜等待著你。一路上，你不僅會與神祕的雨林親密接觸，而且可以傾聽到色彩鮮艷的鳥兒在啼聲婉轉。如果你的面前忽然冒出一隻體積是正常人3倍的雄性銀背大猩猩，你同樣也無法用語言描述你的感覺。

✳在維龍加山坡上棲息的山地大猩猩，占世界大猩猩總量的一半左右。

在維龍加火山，最值得行走的地方，是維龍加火山深處的魯亨蓋里。當你走到城郊時，可以發現有一個叫木桑子的地方，這地方有一座由噴發後的火山岩漿固化後，天然形成的橋，站在橋邊，你會讚歎大自然如何打造出這樣一個如夢如幻的地方。但無論你如何讚歎，你都不能停下尋訪的腳步，因為布雷拉湖、儒洪多湖以及加拉果湖都還在花枝招展地向你伸著手，發出最美麗的呼喚。

搜索地標：剛果民主共和國、盧安達交界處

Nyiragongo Volcano
尼拉貢戈火山

·歎為觀止的活火山

尼拉貢戈火山是一個很特別的地方，雖然它的環境也相當惡劣，經常狂風大作，能見度有時為零，但它的山頂宛如一個沸騰大鍋爐，不斷冒著火紅岩漿泡沫的熔岩湖，如磁鐵一樣緊緊吸引著不遠萬里而來的世界各國遊客。

海拔3469公尺的尼拉貢戈火山，位於剛果民主共和國和盧安達的交界處，距剛果民主共和國北基伍省省會戈馬市只有10公里。雖然它不是世界上最美麗的山峰，但它卻是世界上僅有的3座擁有永久性熔岩湖的火山之一，是讓人們歎為觀止的活火山。

尼拉貢戈火山主火山口深250公尺，寬200公尺，擁有世界上極其罕見的熔岩湖。據說，每當尼拉貢戈火山爆發時，山頂上的熔岩湖就會變成一個沸騰的大鍋爐，湧動的岩漿如波浪一樣翻滾，而那些熔化的岩漿射向空中，在空中幻化成一層霧氣，此時，若從遠處看去，尼拉貢戈火山就變成了噴雲吐霧的怪獸。若立在這頭怪獸前，你就會發現：人的個體原來是那麼的渺小與脆弱。

離尼拉貢戈火山最近的是戈馬市，由於戈馬市建立在火山爆發後形成的平坦岩石上，背山面湖，風景優美。如果你登上戈馬山峰，眼前會豁然開朗，戈馬全市以及附近的平湖、奇洞，甚至壯觀的火山景色，或遠或近，或高或低，穿過歲月的滄桑，鋪展成一幅別具韻味的風景畫。

※至今，尼拉貢戈火山依然在整日噴雲吐霧，它最近的一次大噴發是2002年1月17日。據說，噴發後的岩漿掩埋了戈馬市的大部分地區。

搜索地標：坦尚尼亞

Lengai Volcano

倫蓋火山 · 東非的「神靈之山」

你見過的非洲也許是這樣的一個地方：雄鷹在天空中翱翔，獵豹在原野上奔跑，羚羊在草原上跳躍。但在東非，還有一個與此完全不同的地方，在那裡，月光下的火山口透著陰森可怖的光芒，黑乎乎的熔岩不斷湧出，將灰白色的火山襯托得更加孤寂。

倫蓋火山沒有似驟雨的瀑布，更沒有清澈得像礦泉一樣的水，但這裡黑乎乎的熔岩，卻讓你感覺到大自然的滄海桑田。

位於坦尚尼亞北部、納特龍湖南端的倫蓋火山，高近2900公尺，不僅是一座隨時有可能噴發的活火山，更是馬賽人心中的「神靈之山」。每年，都有身著紅色長袍的馬賽勇士登上火山，為當地的神「恩蓋」獻上供品。

倫蓋火山噴發時，岩漿溫度可達
500℃左右。從遠處看，山頂上一片白雪
皚皚，如果你走近了，就會發現所謂的
皚皚白雪，只不過是火山噴發後留下的
白色火山灰而已。面對著這遍地灰白色
的熔岩灰，不難想像奇異的火山錐冒著
炙熱蒸氣的場景。

如果你在月光下，近距離地感受倫
蓋火山的火山口，就會發現這裡十分陰
森恐怖，而那湧出的黑乎乎的熔岩，將
灰白色的火山襯托得更加明顯。這奇異
的景象令人聯想起人跡罕至的月球。

雖然倫蓋火山有些荒涼，但它的日
出還是值得一看。當太陽靜靜地從倫蓋
火山的背後升起，倫蓋火山一片雲蒸霞
蔚，那變幻莫測的色彩就像少女臉上施
的粉黛一樣，顯得非常可愛。

搜索地標：納米比亞

Skeleton Coast

骷髏海岸

· 離奇詭異的「地獄海岸」

骷 髏海岸，就像它的名字一樣充滿了離奇詭異的色彩，這裡不僅有交錯的暗流、參差的暗礁、迷濛的霧海，而且還有觸目驚心的船隻殘骸。但這樣一個讓人不寒而慄的地方，卻成為探險家的天堂。

在人類賴以生存的地球上，有無數令人震撼的自然奇觀，而骷髏海岸就是其中最讓人不可思議的一個。如果你想找一個碧海銀灘、藍天白雲、椰影清風下一派異國風情的海灘度假，骷髏海岸實在不是個好選擇，但它對於喜歡探險的朋友來說，卻是一個好去處。

骷髏海岸綿延在著名的納米比沙漠和大西洋冷水域之間，長500公里，一面臨海、三面為沙漠環抱。這裡不僅有交錯的水流，而且還有參差不齊的暗礁和那置人於死地的風沙。船隻到這裡，大多會觸礁沉沒，葬身魚腹。因而，葡萄牙海員把它稱為「地獄海岸」。

瑞典生物學家安迪生曾經說：「我寧願死也不要流落在這樣的地方。」1933年，瑞士飛行員諾爾在從開普敦飛往倫敦時，因飛機失事，墜落在這個海岸附近。之後一位記者指出，總有一天，諾爾的骸骨會在「骷髏海岸」找到。雖然諾爾的骸骨一直沒有找到，但「骷髏海岸」卻因此遠近聞名。

1943年，人們在這個海岸沙灘上發現了12具無頭骸骨，在骸骨的不遠處有一塊久經風雨的石板，上面寫著：「我正向北走，前往96公里處的一條河邊。如有人看到這段話，照我說的方向走，神會幫助你。」

看到這一段刻於1860年的文字，每個人都會浮想聯翩，這段話是什麼人刻的？遇難者又是什麼人呢？雖然直到現在，人們依然不知道這是何人刻的，不知道遇難者是誰，但骷髏海岸，卻再也不是令人毛骨悚然的「地獄海岸」，而成了探險、旅遊和垂釣者的樂園。

當南風從遠處的海上吹來時，骷髏海岸成了一片風沙的世界，這時，沙丘表面會向下塌陷，塌陷時，由於沙粒彼此劇烈摩擦，會發出隆隆的呼嘯聲。此時，如果你正站在海邊，就可以看見大浪猛烈地拍打著沙灘的景觀。潮水退去後，會有數百萬計的小石子留在岸邊，在這些小石子中有不少砂岩、瑪瑙、光玉髓和石英的卵石，這些形狀不一的美麗小石子，為海岸增添了幾許夢幻色彩。也或許正是這幾許夢幻，讓骷髏海岸遠離了不堪回首的歷史，成為了非洲最奇異的風景線。

✤ 從空中俯瞰，骷髏海岸是一大片連綿起伏的金色沙丘，而沙丘之間閃閃發光的，卻是從沙漠間升起的蜃景。

✤ 其實骷髏海岸也並非一片不毛之地，其間生活的海豹為這片海域增加了些許生氣。

搜索地標：阿爾及利亞

Ahaggar Mountains

阿哈加爾山脈

圖瓦雷克人的故鄉

與其說阿哈加爾是山脈，不如說它是一座花崗岩高原，更為確切一些。在這座花崗岩高原上，林立著些許由響岩構成的岩塔和岩柱，這些巨大壯觀的岩塔和岩柱，讓人感覺進入了世界盡頭，但更讓人產生無限遐思的，是以游牧為生的圖瓦雷克人。

✽撒哈拉沙漠中生活的圖瓦雷克人，以適應艱苦生活而聞名。

阿爾及利亞的首都阿爾及爾是一個海風拂面、陽光和煦的海港城市，但在與它相距1500公里處的阿哈加爾山，卻遠不是這樣綠草如茵、林木茂盛、百花爭艷。

阿哈加爾山脈也叫霍加爾山脈，位於撒哈拉沙漠的中心。最奇特的是：它不是拔地而起，而是從一個約2000公尺高的多岩高原上霍然隆起，在塔哈特山升至海拔2918公尺。

與其稱阿哈加爾為「山脈」，不如說它是一座花崗岩高原更確切些，而且是岩質不同的花崗岩。在山脈中心，岩漿在花崗岩上堆積到180公尺左右時，形成了玄武岩。在近3000公尺高的地方，則形成十分罕見的由火山岩或響岩構成的巨礫與尖石柱，使它在遼闊的撒哈拉大沙漠中顯得格外與眾不同。

如果沿著崎嶇的山路拾級而上，你就會為這些形態各異的巨礫與尖石柱而驚嘆。這些巨礫和尖石柱的形態特別逼真，有的像極了孫悟空的金箍棒，有的狀如大蘆筍，形態各異。據說在方圓近800平方公里的範圍內，有300多根這樣的石柱，這樣的人間奇景，可謂是舉世無雙。

阿哈加爾山脈之所以出現這樣奇異的景觀，是由於它的山峰是火山岩頸，也就是充填死火山山頸的硬化岩漿。由於火山外層經過多年的風和水的侵蝕，就在這粉紅色

✤阿哈加爾山脈中巨礫與尖石柱千姿百態,構成了這裡別具風情的景觀,也為撒哈拉沙漠平添了幾許異樣風光。

✤遠眺阿哈加爾,整個山脈起伏在一片迷濛的霧氣之中,給人無限神祕的遐想。

花崗岩高原上形成了高高聳立的巨礫與尖石柱。

　　行走於阿哈加爾山脈,常見一些圖瓦雷克人。這些以游牧為生的圖瓦雷克人,向有「撒哈拉的藍色人」之稱。他們之所以有此稱號,或許與他們喜歡用藍色面紗遮蓋頭部有關。世界上很多地方,都是女人戴面紗,但在阿哈加爾,卻是男人戴面紗,女人裹毯。據說,戴面紗可以保護他們的靈魂。

　　戴面紗真的可以保護人的靈魂嗎?也許,這只是圖瓦雷克人的美好希望,或者多年的風俗罷了。不管是美好希望,還是傳統風俗,圖瓦雷克人確是這片神祕土地的主人。

　　不管世事如何變幻,圖瓦雷克人依然會在撒哈拉沙漠的腹地,和連綿起伏的阿哈加爾群山一起,朝朝暮暮。

搜索地標：納米比亞

Etosha Pan

埃托沙鹽沼

・納米比亞的「幻影之湖」

埃托沙鹽沼是納米比亞最有名的旅遊景點，一年中的大部分時間，這巨大的鹽沼顯得十分荒涼，但也給遊人一種游離世外的感覺。在乾涸季節，鹽沼所呈現出的綠色，猶如一大塊透明的翡翠，閃閃發亮，讓人如入夢幻之境，當地人稱之為「幻影之湖」。

如果說納米比亞是非洲大漠中一顆璀璨的寶石，那麼，它南部的埃托沙鹽沼，就是這顆寶石最光彩奪目的一部分。雖然這巨大的鹽沼，看上去沒什麼特別之處，甚至有幾許荒涼、幾許滄桑，但正因為如此，才吸引更多遊人來到這裡。

埃托沙鹽沼是埃托沙盆地的一部分，起初它是一個很大的湖泊。但在數百萬年前，由於沒有了水源，注入這個湖的河流乾涸了，而水分長期不斷地蒸發，再加上湖底滲漏，隨著時間的遠去，也就形成了現在的埃托沙鹽沼。

如果不是親眼所見，你很難相信，乾涸的鹽沼竟然是綠色的，綠得如一大塊透明的翡

翠，熠熠閃光，給人美不勝收的感覺。而在如此荒涼的地方，呈現這樣的人間奇景，真的要感謝造物主，感謝祂如此慷慨的恩賜。

雨季時，鹽沼充滿了旺盛的生機，此時，由於不斷蓄水，整個鹽沼變成了一個大的天然湖泊，遠遠望去，渺無天際。最有意思的是：沿岸的一些天然噴泉也迸發出無限的活力，歡樂地噴著水柱，這些沖天的水柱有的細若游絲，有的騰突跳躍，有的羞如少女，有的噴珠瀉玉，有的柳絮飄飛，有的龍吟虎嘯……真的是千種姿態、萬般風情。這些美麗的水柱與淺水區星星點點的鹽漬痕相映成趣，給幻影之湖增添了浪漫而多情的風韻。

因為埃托沙鹽沼地域遼闊，地勢複雜，雨季時，水注入鹽沼，鹽沼吸引了所有草原上的動物，牠們從不同的方向，不約而同地走向這一潭幽深的碧水。於是，不大的埃托沙，集中了很多難得一見的珍禽異獸，如：斑馬、羚羊、非洲小羚羊、鬣狗、直角羚羊，其中最珍貴的是黑臉羚羊，這種珍獸只有這裡和安哥拉才有。在這裡，你不僅可以看到一群群的鴕鳥昂首闊步地從鹽沼穿過，而且也會看到一群群長頸鹿正在穿越馬路。如果你正巧遇到長頸鹿穿越馬路，一定要有紳士風度，讓牠們先行。

✝埃托沙鹽沼長約96公里，寬約48公里，底部海拔1030公尺，面積4800平方公里，是非洲最大的鹽沼。雖然「幻影之湖」沒有美酒，卻是一個讓人迷醉的地方。而動物們更無法拒絕它的魅力，特別是在雨季。

走在雨季的埃托沙，隨時有清脆悅耳的鳥鳴聲傳來，這時，你抬頭望去，或許就能看見一隻隻文鳥正在樹上編織愛巢。牠們不辭勞苦地銜來一根根青草，然後再用嘴穿來穿去，最後，一個心形的鳥巢終於大功告成。之後，文鳥們將在這裡撫育幼鳥，享受天倫之樂。不過在埃托沙，動物們也並非時時悠閒，牠們隨時都在提高警覺、準備撒開四蹄逃命。即使牠們飢渴難忍，也是如此小心地向水邊移動。因為牠們曾經遇到這樣危險的情況：剛剛靠近水邊時，兩頭獅子突然從天而降，一左一右向牠們襲來……而此時，正因為有所準備，牠們才能以最快的速度飛奔，朝著不同的方向，四散而逃。

✳在埃托沙鹽沼生活的非洲大羚羊，牠們彎曲的角最是引人注目。

埃托沙鹽沼的旱季，幾乎是滴雨不下，此時，大地開始乾涸欲裂，樹木、灌木及野草開始枯萎，埃托沙鹽沼成了一片枯黃的世界。這時，一個個存有雨水的池沼，就成了動物們的救命之池。為了生存，動物必須長途跋涉到遠處的池沼去飲水。雖然動物的數量眾多，但因生活習性不同，飲水的時間就有所區別。先是大犀牛來到湖邊，緩慢地走進湖泊中；接著羚羊、野牛、斑馬等動物也來喝水了。牠們走了之後，性情溫馴的食草動物們可以共飲一池水，一同戲玩，眼前呈現出一幅難得的和平寧靜的畫面。

對於埃托沙鹽沼的動物們來說，旱季中的冬天是最難過的季節，一些食草動物只能以枯黃的枝葉為生。近年來當地人採取多種措施，比如：在公園內打井、挖掘池塘，為動物們提供了許多可以喝水的地方，這樣動物們就可以安然地度過漫長的冬季。為了保護動物，當地政府還在埃托沙鹽沼設立了埃托沙野生動物園，在動物園內嚴禁所有偷獵行為。由於這裡得到了保護，非洲多數種類的野生動物，差不多都能在這裡找到。

來到埃托沙鹽沼，累了找一個休息的地方也很容易，許多茅草小屋隨時在景區中出現，在這裡既可以休息，又可以觀看動物。將樸實的浪漫發揮到極致的，就是這些具有非洲特色的茅草小屋，這些在外觀上看起來特別原始的草屋，卻有著很現代的設施，當你在埃托沙鹽沼走累的時候，這裡就是你最好的驛站。不想做什麼的時候，就閉上眼睛，或者祈禱：多少年後，這個絕代風華的幻影之湖，依然還能幻化出一湖人間絕有的景色。

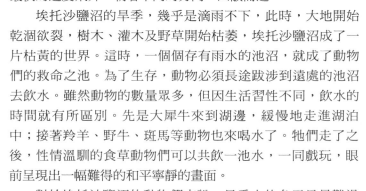

搜索地標：波札那

Okavango Delta

奧卡萬戈三角洲

波札那的明珠

奧卡萬戈三角洲雖然是一個內陸三角洲，但與肯亞的馬賽馬拉等著名的野生動物保護區相比，這裡更原始，也更神祕。在這裡，有棕櫚樹林、草地、島嶼、沖積平原、環礁湖讓你眼花撩亂；在這裡，你會發現，連羚羊都美得令人心醉。

奧卡萬戈三角洲是一個內陸三角洲，論面積與動物種類，與肯亞的馬賽馬拉等著名的野生動物保護區相比，這裡或許還不夠重量級，但論起氣氛，這裡卻更原始，也更神祕。

如果到了波札那，不管你有多麼旅途勞頓，也不能放棄前往奧卡萬戈三角洲的行程。自波札那西北部乘小飛機飛向叢林深處，就是那片傳說中的神祕土地。即使是冬季，奧卡萬戈三

✤ 在奧卡萬戈，有棕櫚樹林、草地、島嶼、沖積平原、環礁湖讓你眼花撩亂。在這裡，你會發現一草一木都美得令你目眩神馳。

角洲依然是一片綠色的濕地，而綠色的濕地間，那棕櫚樹林、草地、島嶼、沖積平原、環礁湖，是縱橫交錯的，這些景致儘管有些雜亂，卻風姿綽約，景色宜人。

奧卡萬戈河從安哥拉流經納米比亞，注入波札那西北部廣闊的喀拉哈里沙漠地帶，形成了方圓近1.5萬平方公里的巨大三角洲——奧卡萬戈三角洲。因為這一地區的平均降雨量為680毫米，特別適合鬣狗、獵豹、斑馬、河馬以及其他72種小型哺乳動物、95種兩棲爬行動物和上千種鳥類生活。

行走於奧卡萬戈三角洲之上，岸上濃蔭匝地，水中蘆葦隨風起伏，顯示出一派原始自然的風光。每當雨季洪水來臨時，不喜水的動物紛紛逃離此地；相反的，喜水動物，如：鳥類、虎魚、鱷魚、河馬、水龜和蟾蜍等，牠們會一古腦兒地湧向這裡，或是前來繁殖、或是覓食，雖然目的不同，卻殊途同歸，不僅打破了這裡的沉寂，也為這裡帶來另一番蓬勃的生機與活力。

在奧卡萬戈三角洲，有一種叫「梅科羅」的獨木舟，乘「梅科羅」遊玩奧卡萬戈三角洲是一件既刺激，又好玩的事情。但要注意的是，最好不要直接與河馬相遇，別看牠們憨態可掬、貌似忠厚，實則牠們才是非洲大陸最具殺傷力的動物，因為河馬可以輕而易舉地將小船掀翻。

在奧卡萬戈三角洲的動物中，跑得最快的就是獵豹了，說牠們是「飛毛腿」是再恰當不過的了。這些經常在灌木叢中出沒的獵豹最喜歡洪水，當洪水來臨時，牠們可以趁火打劫，而那些比牠們跑得慢一些的動物，就會成為牠們的盤中飧。

除了獵豹，跑得快的就算非洲野犬了。事實上，非洲野犬號稱「雜色狼」，牠們不僅是跑步的高手，游水技術也很高超，所以，牠們是奧卡萬戈三角洲頂尖的「捕獵者」。與眾不同的是，其他動物生下幼仔，都是由母親撫養，但非洲野犬卻並非如此。雌犬生下幼犬，所有的幼犬都歸最有威望的雌犬撫養。而雄犬則是很有責任心的父親，一般情況下，牠們吃下的食物並不馬上進到胃裡消化，而是回到雌犬和幼犬那裡，反芻給「妻兒」分享。

雨季過後，旱季就來了，綠洲一下子變成了一片乾涸之地，為了生存，動物們是八仙過海，各顯神通——鱷魚靠一些小溪流來生存；穿山甲和鼠類會鑽入地下；而水牛則成群結隊地遠走他鄉，尋找生命的綠洲。但不管牠們走出多遠，牠們都會在第二年的雨季時，不辭勞苦地重返奧卡萬戈三角洲，因為對於牠們來說，奧卡萬戈三角洲是永遠的故鄉與樂園。

雨季的奧卡萬戈是非洲南部大狒狒的樂園。

水草茂盛的濕地是奧卡萬戈極富代表性的景觀。雨季時，貯滿水的沼澤是動物們最好的嬉戲樂園。

搜索地標：烏干達、剛果民主共和國境內

Rwenzori Mountains

魯文佐里山

東非的「月亮山」

魯文佐里是一座被冰雪覆蓋的山脈，在這裡，晨暮白雲將你包裹在她的懷抱裡，當你沉迷之時，會有一陣山風微微吹過，杜鵑花的芬芳沁人心脾。而這個時候，峰巒會從雲端露出她非常美麗的容貌。

如果你想從繁忙的工作中暫時脫身，想找一個可以放鬆自我的好去處，那麼就去東非的魯文佐里吧！被戲劇性地稱為「月亮山」的魯文佐里山脈，是跨越赤道的三大山嶽之一。由於這裡的氣候隨山體高度和朝向而變化，所以，這裡的植被也是變化萬千。而山間幽靈出沒的詭異傳說，更為這裡增添了無盡的神祕色彩。

在山腳下，可見茂密的草地一路向上，蜿蜒1200公尺而止；再往上雪松、樟樹和羅漢松取而代之，它們屬於高大的森林，最高的可達49公尺。在高大的森林中跋涉到2400多公尺處的時候，美麗的場景則會被密密麻麻的竹林切換；在3000多公尺以上的山坡上，苔草和粗劣的生草草地以及由刺柏和羅漢松組成的疏林比比皆是，而盤曲多節的樹枝與苔蘚、歐龍牙草及綵帶般的地衣相映成趣，不僅為這裡增添了

❋由於地理環境等原因，魯文佐里山的植物都比其他地區生長的同類要高大得多。

幾分生機，也為魯文佐里山脈贏得「月亮山」的美名。再往高處，4270公尺以上，就是由湖泊、冰斗湖、冰瀑和獨特植物群組成的高山帶了。

行走於魯文佐里，有時，你會感覺有一道彩色的閃光在眼前稍縱而逝，讓你懷疑這是不是一種幻覺。事實上，這不是幻覺，這是紅頭鸚鵡和藍冠蕉鵑在你眼前飛過。

魯文佐里山脈中，植物十分奇特，動物區系也複雜多樣，也正因為如此，人們才對它樂此不疲。

搜索地標：幾內亞、象牙海岸境內

Mount Nimba Strict Nature Reserve

寧巴山

·身心放鬆的樂園

寧巴山自然保護區，因具特殊的地理位置和極為豐沛的降雨，使得不同海拔高度的動植物各具特色。這裡具有非洲獨一無二的景觀，它並沒有過多的色彩，但卻貴樸自然，每一處都是最初的景致，都值得我們前往造訪。

「寧巴山上覆蓋著大片草地，山腰環繞著鬱鬱蔥蔥的林帶，山腳下點綴著一片片草場。」如果有人這樣述說，你的心難免蠢蠢欲動，於是，就會不遠萬里來到非洲，來到寧巴山。

位於幾內亞東南部洛拉省和象牙海岸達納內省境內的寧巴山自然保護區，是一個專門讓人放鬆身心的地方。

寧巴山自然保護區座落於幾內亞和象牙海岸之間的寧巴山。只有親身來到這裡，你才可目睹它獨具特色的景觀：山上覆蓋著大片草地，山腰環繞著鬱鬱蔥蔥的林帶，山腳下點綴著一片片草場。雖然這種分布不怎麼協調，但卻適合於多足綱、袋科和軟體動物及昆蟲生長。山坡上的茂密原始森林內，還生活著一些瀕臨滅絕的動物，如：寧巴山特有的一種食蟲動物——獺鼩。

除了獺鼩，保護區內還有一些固定「居民」，如：豹、疣猴、穿山甲、森林水牛等。其中最有趣的是大猩猩，牠們會使用石器，所以當你看到牠們時，難免會馬上聯想起自己的祖先，難免會對這個地方有一種異樣的親切感。而對許多冒險者來說，這才是寧巴山真正的魅力所在。

✳寧巴山的植物主要生存或生長於海拔較高的草地上，而峽谷則被蕨類植物覆蓋。

搜索地標：南非

Blyde River Canyon

布萊德河峽谷・「上帝之窗」

布 萊德河峽谷一度是淘金者聚集的溝壑，
有著非洲景色中令人難忘的「神奇」。
深溝、翠谷、清澈的溪流，以及令人心曠神怡
的壯觀瀑布，更易讓人放棄塵世間的一切，來
這裡感受大自然的純情與美麗。

南非的布萊德河峽谷中央，是流速極快的布萊德河及其眾多支流匯合的河流，它切穿德拉肯斯山脈後陡然下降，深切26公尺，終於造就了這聞名非洲的大峽谷。

在當地的語言中，布萊德河意為「歡樂的河流」。據說在1844年，從好望角出發的殖民者經歷了長途跋涉探險，疲憊不堪地停留在這條不知名的河流旁紮營。領隊帶領幾個隊員前往周圍的密林探險，卻沒有在原訂時間返回。其他隊員認為他們可能遇險身亡了，就把這條河流命名為圖爾河，意思是「悲傷之河」。幾天後奇蹟卻出現了——領隊他們安全返回。「悲傷之河」於是馬上更名為「歡樂之河」，並從此流傳下來。

布萊德河峽谷最美麗的景色便是懸崖邊上的「上帝之窗」。這裡的落日是上帝的微笑，渾圓的夕陽消失於朦朧的山頂，同時將它灑落在峽谷的最後一絲光線迅速收回，僅留下一片深藍無比的天空。峽谷傳來悠長的鳥鳴，從布萊德水庫方向吹來的輕風，柔柔地撫摸著你的臉龐，就像是上帝的輕聲耳語，會讓你放棄塵世間的一切，醉心在上帝的寵兒懷中。

布萊德河在700多公尺深的峽谷底部蜿蜒切穿，為峽谷引來了一條綠色飾帶。3座並排聳立的山峰，酷似非洲土著的茅屋，山頂飄動著的絲絲白雲，彷彿是裊裊炊煙。透過它們再往更遠處眺望，隱隱能看見遠處的綠色平原，由此眺望懸崖峭壁及綿延不盡的密林山區，映入眼簾的是絕對的原始與自然。俯瞰1公里以下的景物，其景觀深遠遼闊，令人不由得有「小天下」的胸懷。距此數百公尺還有一座峰頂岩，花崗石岩柱自青翠峽谷中擎天聳立，非常壯觀，峽谷中山嵐氤氳，更顯得氣勢不凡。

在布萊德河峽谷，你不能不去伯克幸運洞。如果你到了這裡，一定要從橋上向瀑布的漩渦裡投擲幾個硬幣，然後許下一個願望。據說在這裡許願很靈驗，無論什麼願望都能實現。

上帝真的會從此洞俯瞰人間嗎？這只是給你一種神祕的沉思，人們也無從得知，但能夠知道的是：從喧囂的塵世間逃離至布萊德河峽谷，你的心就可以變成一隻小小鳥，可以穿越峽谷，可以掠過瀑布，可以在高遠的天空中盡情地飛翔。

✤站在懸崖邊的觀景台上，便能盡享峽谷的壯麗景色，雖然只是峽谷的一小部分，也能讓人讚歎不已。

✤這裡雖然沒有雅魯藏布大峽谷的雄險，沒有科羅拉多大峽谷的壯闊，但是它有它的獨特之處。可以說整個布萊德河峽谷，便是上帝賜給人類的絕美風光。

搜索地標：南非、史瓦濟蘭、賴索托境內

Drakensberg Mountains

德拉肯斯山脈

鳥飛不到吳天長

如果你是登山愛好者的話，你一定要來德拉肯斯山脈。雖然德拉肯斯山脈海拔不是非洲最高的，但這裡多變的地形與冬季積雪的山地，形成一種磅礴的氣勢，洋溢著一種雄奇壯麗的美。

✣落差68公尺的朗溪瀑布，是德拉肯斯的一大勝景。

德拉肯斯山脈又稱喀什蘭巴山，是南非高原東南邊緣大斷崖的組成部分。它北起南迴歸線附近，穿過史瓦濟蘭西部和賴索托東部，在東開普省東南部蜿蜿蜒蜒，長約1200公里。德拉肯斯山脈的最高峰為海拔3482公尺的塔巴納恩特萊尼亞納山，從遠處看，它直插雲霄，氣勢磅礴，分外奇峻。

在德拉肯斯山脈，你可欣賞到不同的景色。如果想看森林，可以去它的東坡，由於東坡臨海，又被河流切割，雨量充沛，1800公尺以下生長著茂密的亞熱帶常綠林木。無論你什麼時候來到這裡，都可以看見這裡綠蔭如幕，疏枝交映的景色。

如果你想看雪，你可以在冬天來這裡。每到冬天，這裡積雪的山地，就變成一片銀裝素裹。早晨你可迎著一片曙光登山，當你站在峰頂，眺望著四周被朝霞映紅的雪山時，便可體會那「翠影紅霞映朝日，鳥飛不到吳天長」的詩意、畫意。傍晚，你要下山時，可見夕陽餘暉落在山頂，德拉肯斯山脈的雪山則如一個個披著紅紗的少女，風姿綽約於你的驀然回首之中。

當豐收季節，來東坡低地和丘陵地區，你會看到漫山遍野的甘蔗、鳳梨。幽靜深遠，變幻莫測，瓜果飄香。最終，世界上恐怕沒有一個地方會像德拉肯斯山脈一樣，給你留下如此多變而深刻的印象。

搜索地標：馬拉威

Lake Malawi

馬拉威湖

非洲南部最壯麗的湖光

三面峰巒圍繞、風景秀麗的馬拉威湖，是一個很特別的地方，不僅風光旖旎，而且集多種佳景於一身，有的地方高崖環繞，驚濤拍岸，有的地方又草原流水淙淙。但不管是什麼景色，都是精彩盡在不言中。

❋晴日的馬拉威湖波光潋灩，引人迷醉。其所處的馬拉威共和國就是以湖名來命名的。

❋旖旎的風光，奇幻的湖水消長之謎，讓馬拉威湖不僅成為一處風景絕佳的旅行地，同時也成為一處絕妙的探險之地。

馬拉威湖是非洲第三大淡水湖。在當地尼昂加語中，「馬拉威」是「火焰」的意思，是指金色的太陽照射在湖面上，湖水泛起了一片耀眼的火焰。雖然在馬拉威湖看到耀眼火焰的可能性並不是很大，但馬拉威湖絕對是一個妙不可言的地方，是一個有著湖光山色的人間仙境。

馬拉威湖面積30800平方公里，由於湖東面有利文斯敦山，西面有維皮亞山地，青翠挺拔的山峰相對聳立在狹長的湖面兩岸，因而置身馬拉威湖區，站在較高的地方，就會有一派絕壁險峰、瀑布奔瀉的自然風光，讓你大開眼界。

馬拉威湖不僅風光旖旎，集多種佳景於一身，而且有著十分奇異的景象。每天上午9點左右，泱泱湖水開始消退，水位一直降至6公尺多；到了11點，湖水繼續消失，這時你的眼前就會出現一片淺灘。4個小時後，淺灘上又開始有湖水湧動、上升，馬拉威湖就這樣又豐盈如昔。下午7點，湖水水位又不斷上升，湖水不斷地漫溢。直到2個小時後，馬拉威湖才平靜下來，不再興風作浪。這種奇特的現象，仍然是一個令人費解的謎。

Réunion
留尼旺島
‧享受奢華的香氣盛宴

留尼旺是一道不只用眼睛來閱讀的風景：一邊是印度洋的海浪洶湧翻捲，一邊是從海底噴薄而出的火山烈燄，留尼旺帶給你的，絕對是一處流光溢彩的世外桃源。如果你想瞭解它無窮的奧祕，只能拋開塵世間的一切，奔赴它的懷抱。

✽繚繞的美妙香氣、旖旎的熱帶風光，留尼旺就像是一張美麗的明信片，但它的難以言傳之處，恐怕又遠非一張明信片所能替代。

留尼旺島，是一個充滿異國情調、卻又很不「非洲」的地方。不管你是去留尼旺島度假，還是探險旅行，最好的交通工具就是直升飛機。這座印度洋上的小島就如璀璨的寶石一樣，在海面上發出浪漫而誘人的光芒。乘飛機從小島南部的聖皮埃爾起飛，不多久工夫，富爾奈斯活火山就在你的視線之下了。這座常年噴發的活火山，溫度和聚能都不太高，但它隨時可能噴發。

如果透過透明的觀景窗，看到富爾奈斯活火山正激情湧動，你不必感到奇怪，只需睜大眼睛、大飽眼福就可以了。富爾奈斯活火山噴發時，黑褐色的噴發口中不斷有一柱白煙升起，噴出的火紅岩漿不斷地湧動著，並融化成黏稠的膏狀物質。因為壓力太大，不時就有氣體「噗咻」一聲從山體內腔直衝高空。如果飛機飛得不太高，絕對會讓你產生一種噴濺到機身上的錯覺。

當咆哮的富爾奈斯活火山被一片片雲海代替，而你正感覺這片雲海有些單調時，飛機已來到一個峽谷前，在你心

裡還沒有足夠的準備時，懸崖峭壁已然撲面而來！那眼看即將觸及螺旋槳翼的鬱鬱蔥蔥原始森林，更是讓你猝不及防。

驚歎之餘，如果你只坐在飛機上觀看就太可惜了，趕緊去租一艘遊艇，去暢遊非洲的印度洋。如果你會潛水，那麼你收穫的將是一個溢彩流光的水晶世界；如果你想觀鯨，還可乘遊艇去外海。當你正沉浸於風平浪靜、陽光和煦的時光中，如果突然聽到遊艇中有人尖叫，那一定是發現了鯨魚。不過除了暢遊印度洋，你還可以享受一份完美的香氛盛宴，因為香水業是留尼旺島的一大特色。別看留尼旺島面積不大，小小的島上可是有好幾家植物博物館，其中最有名的是香料植物園。在植物園裡，你能看到各種作為香水原料和餐飲添加香料的植物原貌。如果有幸遇到天才調香師，可以和他一起縱談、品嘗花香，在香水、花氛、植物、味覺的世界裡度過一段悠閒的時光。

行走在這個小島上，你會發現：這個小島的風光不僅十分奇特，而且居民也來自不同國度，在這裡你不僅可以見到法國人、印度人、非洲人，還可以他鄉遇故知，遇見自己的同胞。儘管來自不同的國度，文化傳統與生活方式不同，這裡的居民卻一向和睦相處。因為他們深深懂得尊重彼此。

海納百川，有容乃大。或許正是留尼旺島人這種容納百川的胸懷，留尼旺島——這座濃縮的島嶼——才能這樣的風情萬種，成為許多人夢中的溫柔之鄉。

✤留尼旺島上馬拉巴爾人製作的特色海鮮。

✤藍天、綠野、瀑布、遠山，靜謐時的留尼旺島給人的印象，也許並不大像一座繁華的熱帶海島，而像某處不為人知的世外仙山。

搜索地標：肯亞

Mount Kenya

肯亞山

·肯亞的光明之地

與其說肯亞山是一座山脈，不如說它是一道令人歎為觀止的風景線。它連綿的山峰，峰頂終年覆蓋著的暗暗白雪，分外妖嬈。黎明時分，清晨的曙光會勾勒出令人震撼的最高峰的剪影，這時，站在山頂，俯視著周邊一望無際的大草原時，你就會發現這是自己尋覓已久的地方。

位於肯亞中部的肯亞山，主峰基里尼亞加峰海拔5199公尺，是非洲第二高峰。雖然肯亞山不像吉利馬札羅山那樣聞名天下，但卻被當地的基庫尤人視為天神的神聖王國。為此，基庫尤的房子都面向這座神聖的高峰。

　　穿越赤道的肯亞山，是一道令人歎為觀止的風景線。如果碰上陰天，站在高處舉目四望，就能見到煙霧繚繞中的肯亞山峰頂若隱若現。如果天氣好的話，即使遠隔數里，那高高屹立的雪峰也會清晰地映入眼簾。

　　肯亞山山頂終年積雪，不管你想登山、還是想滑雪，這裡都是首選之地。如果登山技術不是太好的話，最好是選擇勒納納峰，雖然登上勒納納峰，也需要3～5天的時間，但你可以一邊看風景、一邊登山。原本艱險的登山會變得樂趣無窮，而且沿著山路還會穿越一道迷人的風景線。當你將羅漢松、千里光等高山植物一古腦兒地收進記憶的行囊時，你已立於勒納納的峰頂了。站在峰頂，世界罕見的奇景：赤道雪，會展示出大自然最神異的一面。

　　如果不想登山，可以去山腳下涼爽的高地一遊。要知道，在肯亞山，森林絕對是觀賞野生動物的好地方；而水晶般清澈的山澗溪水裡，則游弋著許多鱒魚，常常會給你帶來意外的驚喜。

　　即使是漫無目的地在肯亞山下徜徉，也會不虛此行。比如：在保護區內，你會遇到一隻四處張望的非洲大羚羊，你不知道牠在尋找什麼，但牠卻知道此時有很多人在注視著牠，注視著牠美麗的毛色、可愛的舉止。於是牠變得十分落落大方，先是從柵欄中伸出長長的舌頭，接著，牠毫不客氣地舔食遊客手中的食物。而不遠處的自然森林裡，還生活著猴子、長頸鹿、水牛、大象、狒狒、大羚羊、小羚羊、野豬、土狼等動物，其中最稀有的動物是大羚羊、肯亞鼴鼠、蜥蜴等。

　　如果在肯亞山待久了，這些動物讓你的視覺感到疲勞，你可以看看植物。在植物類型分布上，肯亞山獨具自己的特色，僅在3200公尺以上，就有5個植被圈，其範圍包括588平方公里的肯亞山國家公園和納羅莫魯。而較低海拔的山坡上遍植咖啡、劍麻和香蕉。

　　帶有各種冰磧特徵而分布的湖泊，壯麗的冰川景色，別具特色的植物類型分布，茫茫林海間的野生動物園……在肯亞山，這個叉開腿就橫跨了兩個半球的地方，無論你走在哪裡，無論你待多久，你都會對這個地方難以忘懷。

搜索地標：查德、喀麥隆、尼日、奈及利亞交界處

Lake Chad

查德湖

非洲的天然漁場

查德湖是一個有著很多島嶼的湖泊，無論是在庫里島，還是在布都馬島等島上，你都可以呼吸到新鮮的空氣，可以看到茂盛的蘆葦、怒放的花兒，還有穿梭不停的美麗魚兒。如果你有時間，就去查德湖，把它最美麗的風姿，收進你的鏡頭。

✻對於久居都市的人們來說，透著一種來自原始洪荒年代的溫柔的查德湖，很容易讓人一見鍾情。

從查德首都恩加美納向遠方走，一望無際的平原如畫卷一樣鋪展開來。在查德的雨季，沐浴在雨水中的大草原，是滿目的青翠。被雨水洗過的天空特別藍，有些雲朵離地面很近，似乎伸手可及。

在美麗的天空下，是一些不知名的村莊，它們散落於大草原中，那些用泥土砌成的圓頂茅草屋頂，很容易讓人想到那遠古的時代。但此時，你體會到的是原汁原味的非洲風

情。經過一個又一個小村莊，等到你視覺有些疲勞時，查德湖便時機恰到好處地出現在濛濛細雨中，搖曳著翠綠的氣息撲面而來。

查德湖，是一個內陸淡水湖，位於非洲中北部的查德、喀麥隆、尼日和奈及利亞四國交界處，查德湖流域面積約100萬平方公里。但吸引人的並非它作為非洲的第四大湖的面積，而是它的面積會隨季節的變化而消長，一般情況下，雨季時可達2.2萬平方公里，旱季時可縮小一半以上。

在這裡，你可以隨意走走，把湖中的那些小島當做導遊。而無論是在庫里島，還是在布都馬島等島上，你都可以呼吸到新鮮的空氣，可以看到茂盛的蘆葦、怒放的花和穿梭不停的美麗魚兒。

由於查德湖水質優良、水淺、溫度高，特別適合各種魚類生長。這裡不僅出產大量的泥鰍、尼羅河鱸魚、鯰魚、河豚、虎形魚等，而且是非洲重要的淡水魚產地之一。如果你幸運的話，可以在湖畔看到漁民們駕著小舟捕魚。這裡的漁民們捕魚多用刺網、魚籠或佈置鉤線的方法，或者把一個特大的葫蘆浮游水中，或者用魚叉叉魚，這種方法可以說是百發百中。無論漁民用哪一種方式捕魚，對於你來說，都是一種新鮮又有趣的體驗，值得將其定格成一個個永恆的畫面。

查德人喜歡把房子修建成圓頂的蛋形。頂上開門的蛋形小屋也成了湖區的一道風景。

乘坐木船在湖上暢遊會是一件很愜意的事。當你用相機捕捉這美麗的鏡頭時，迎面吹來的涼爽的風，又會帶來一陣心曠神怡。

搜索地標：塞內加爾

Lake Rose

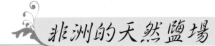

玫瑰湖

非洲的天然鹽場

寧靜的天空下，紅色的玫瑰湖綻放著生命的花。那透明而泛紅的湖水，澄亮如鏡。微風掠過，水鏡中人影蕩漾。落日西沉，煙霞不散，紅色的雲霞與湖水融為一色。偶爾有倦鳥返巢，在視線中劃過一道弧線，之後，就消失在天水相接處了⋯⋯

緋紅色的玫瑰湖，位於塞內加爾首都達卡市區以北30多公里處，又叫雷特巴湖，當地人稱它為「粉紅湖」。它之所以聲名遠揚，不僅是因為它有著美麗的瀲灩水色，而且它還是巴黎—達卡汽車拉力賽的終點。

玫瑰湖是一個標準的鹹水湖，因湖水含有高濃度的鹽分，所以人平躺在湖面上也不會下沉，可與著名的死海相媲美。但玫瑰湖的真正得名並不是因為含鹽量的原因，而是在每年的12月到翌年1月間，玫瑰湖會出現一種神奇的景觀，此時，由於陽光和水中的微生物以及豐富的礦物質發生化學反應，湖水會變成玫瑰花般的粉紅。風起時，湖水中波翻浪捲，猶如一片紅色的火焰，隨著陽光照射不斷增強，湖水還會變成紫紅色。

每年參加達卡汽車拉力賽的車手，都會在玫瑰湖畔完成最後的征程，而玫瑰湖那火紅的赤焰如夢中仙境，時時向賽車手發出深情的呼喚，成為他們挑戰極限、超越自我的動力。

如果你也想挑戰極限，可以在湖邊的度假村租沙灘摩托車和越野車，進行越野體驗。當車子在湖邊一路狂奔，捲起滾滾煙塵時，你需要緊緊抓住扶手。

越野體驗雖然時間短暫，卻既驚險，又刺激。相信有了這樣的人生經歷，你會更熱愛生活、珍惜生命。

✳玫瑰湖的湖水含鹽度很高，據說這裡出產的食鹽甚至可以直接食用。

搜索地標：盧安達、剛果民主共和國交界處

Lake Kivu

基伏湖

·漁歌唱早的內陸湖

翠綠、陡峭的崇山環抱著的基伏湖美麗非凡，在這裡，禽鳥們過著神仙般的生活。但它備受青睞的，卻是那些古城鎮以及古城鎮裡的恬淡時光，在古城鎮裡，衣著絢爛的婦女們用傳統的水管抽菸，抒情歌手們用他們的「吉他」彈奏著古樸悠揚的旋律。

在東非大裂谷中，有許多星羅棋布的湖泊，而基伏湖就是其中一個。基伏湖位於大裂谷帶西支，盧安達和剛果民主共和國兩國交界處，由斷層陷落而成。湖面上繁殖著的大量浮游生物，提供湖中的魚類充分的食料，因而基伏湖中盛產魚類。如果天氣好，可以在早晨看到漁民拉網捕魚，看到一幅「漁歌唱早」的景觀。對於很多人來說，基伏湖最具誘惑力的，就是它周邊那幾個民風純樸、各具特色的小鎮：吉塞尼、基布耶以及尚古古。

你的車碾過茂密的車前草和不明廢墟，穿越霧氣縈繞的雨林，首先邂逅的，就是臨海邊沙灘而建的吉塞尼。吉塞尼是洋溢著熱帶風情的小鎮。這個小鎮不僅有成排的棕櫚，而且有舊時代特色的酒店。如果說棕櫚是吉塞尼的代名詞，松樹就是吉塞尼南部小鎮基布耶的代名詞了。在基布耶，一抬頭，你就與漫山遍野的松樹撞個滿懷。尚古古靠近紐恩威森林，由於這個小鎮尚需要進一步開發，所以，至今仍保持著一派原始自然的風光，使人如入一個蠻荒的時代，卻又格外享受到一種荒野桃源的浪漫刺激。

✴基伏湖南北長約88公里，東西寬約48公里，湖面積達2699平方公里。

搜索地標：烏干達、坦尚尼亞與肯亞交界處

Lake Victoria

維多利亞湖 · 美麗的高原水鄉

維多利亞湖總是給人一見如故的感覺，無論是它島上繁茂的花草、密布的濃蔭、濃蔭下的小徑，還是岸邊爭艷的花朵、清新的空氣，都似曾相識，都會在不經意間，驅除你身體的疲勞，讓你忘卻所有的煩惱。

自1860年一名叫約翰‧漢寧‧斯皮克的英國探險家發現了維多利亞湖之後，這個介於東非大裂谷之間的湖泊，便開始聲名遠揚。

維多利亞湖是僅次於蘇必略湖的世界第二大淡水湖，湖面海拔1134公尺，南北最長為337公里，東西最寬處240公里，面積69000平方公里，也是非洲最大的淡水湖。用水光瀲灩來形容它的景色，是再合適不過的了，因為造物主在這裡布下了自然界最美麗的風景：清澈的湖水、繁茂的花草、眾多的游魚。

這個美麗的湖泊何以用英國女王維多利亞的名字命名，我們無從得知，但形如茫茫大海的維多利亞湖，有近一半的水域位於烏干達境內，為烏干達贏得了非洲「高原水鄉」的美名。

維多利亞湖湖岸線長逾3220公里，平均水深40公尺，最深處80公尺。它的水產豐富，特別是非洲鯽魚，一向名聲遠揚。在維多利亞湖釣魚可以說是樂趣無窮。尤其是在風和日麗的日子，手持魚竿站在湖岸，眼前是一望無際的湖水，頭上是燦爛的陽光，清風徐徐吹來，會讓人感覺人生從來沒有這樣神清氣爽過，而當你為此陶醉時，又會有一條幾斤、十幾斤的魚被釣上來，這時的那種興奮與激動，就很難用語言來表達了。

如果你是乘遊艇在湖裡釣魚，不僅可以享受到垂釣之樂，還可以看到上百隻河馬相互追逐嬉戲的情景。雖然河馬體重一般可達3000公斤，但這個龐然大物的耳朵卻小得可憐，牠那龐大的身軀配著這樣的小耳朵，那滑稽的樣子，彷彿是老天故意在捉弄牠。白天，河馬總喜歡把身體浸在水裡，將頭高高揚起，這樣，就可以讓鼻孔、眼睛、耳朵露出水面，裝成「打瞌睡」的樣子，一動不動地在水中待上幾個鐘頭。如果你乘遊艇釣魚，最好離牠們遠一些，要知道這些憨態可掬的龐然大物可一點也不好惹。

釣了一天魚，就可以滿載而歸了。歸途上，你很可能還會遇到送親的隊伍。在維多利亞湖區，送親儀式一般選在夜晚進行，而且送的不是出嫁的女兒，而是兒子。

送親的隊伍漸行漸遠，但它那震天的鼓聲、喜氣洋洋的情景，卻與維多利亞湖的湖光水色，一起融入你心頭的一隅，成為一生中最難以忘懷的美麗剪影。

✿與純樸的當地人一起過上一段悠閒的日子，即使生活中煩惱再多，也會慢慢忘記，並慢慢墜入維多利亞湖那柔情而浪漫的羅網。

✿如果你來到維多利亞湖，就會發現：這裡不僅有眾多漁村環湖分布，而且有很多小島，島上濃蔭密布，花草繁茂，別有一派自然風光。

搜索地標：尚比亞與辛巴威交界處

Victoria Falls

維多利亞瀑布

雲霧升起的地方

縱觀世界各地的瀑布，千姿百態，各有特色。而尚比西河中游河段的維多利亞瀑布，因其雪浪翻滾、湍流怒湧、氣勢磅礴、水霧滔天而譽滿人間，其景色之美妙，即使天使飛過，也會頻頻回首，顧盼流連。

當尚比西河流至尚比亞西部和辛巴威交界處時，一個黑沉沉的千丈峽谷突然攔住它的去路。於是，洶湧澎湃的尚比西河，在寬約1800公尺的峭壁上驟然翻身，萬頃銀濤整個跌入約120公尺深的峽谷中，激起千堆雪、萬層浪，形成一個飛流直下、山岳震撼、大地搖動、驚心動魄的大瀑布，這就是舉世聞名的維多利亞瀑布。

維多利亞瀑布是世間難得一見的奇觀壯景，最早發現這個大瀑布的西方人，是英國傳教士利文斯敦，因而大瀑布就用了英國女王維多利亞的名字。1964年10月24日，尚比亞獨立後，又用它原來的名字——莫西奧圖尼亞瀑布，即「雷霆翻滾的雨霧」。但維多利亞瀑布，這個用翻滾的雷霆水霧震撼了文明世界人們幾十年的名字，仍然深深地留在了多數人的印象中。

維多利亞瀑布呈「之」字形，綿綿延延數十公里。整個瀑布被岩石分為5段，由西到東分別為「魔鬼瀑布」、「主瀑布」、「馬蹄瀑布」、「彩虹瀑布」和「東瀑布」。這5條瀑布都瀉入一個寬僅400公尺的深潭，形成高幾百公尺的柱狀雲霧，壯美的景色堪稱人間一絕。

如果你想與維多利亞瀑布近距離接觸，可以去「刀刃橋」。刀刃橋橋長約30公尺，寬2公尺，飛架在對峙的懸崖之上，形如鋒利刀刃而得名。站在刀刃橋觀看瀑布，是需要勇氣的，因為人在鐵橋上，總感覺鐵橋在不停地搖晃，好像那橋下憤怒的激流，隨時會把自己捲進去。

站在高處俯瞰，寬闊的尚比西河水彷彿從天邊滾滾而來，滔滔河水化做萬頃波浪，從懸崖直跌入峽谷，轟然而下，聲若雷鳴地直向那深不可測的深淵而去。

✲那些被瀑布激起的浪濤和水霧,把整個峽谷和對岸的峭壁、叢林全部籠罩,而在水霧蒸騰中,遙看瀑布的頂端,就像在茫茫雲海之上。

❋夕陽西下，維多利亞瀑布
上空飄浮著朵朵桃紅色的雲
團，而雲團下則是沖天的水
霧，它們一團團不斷地向上
翻湧、飄散，既像在迎接著
遠方的客人，又像在向客人
們依依惜別。

　　而在雨季晴朗的滿月之夜，月光則將維多利亞瀑布中的
水霧折射為「月虹」。這時，從遠處看，刀刃橋如凌空飛架
的月夜彩橋，美麗得如一個夢境。

　　儘管四壁是懸崖險谷，但信步刀刃橋，向下望則可見大
瀑布瀉下的驚濤駭浪，在令人望而生畏的萬丈深淵中咆哮、
盤旋，發出雷鳴般的聲響。如果你膽子小，不敢看橋下，則
可以打著雨傘，在橋面上觀瀑，當巨瀑激起的浪花和蒸騰般
的煙霧打濕你時，你不僅可以體會到在小雨中漫步的意境，
也可以欣賞在陽光折射下，天空中無比絢爛的五彩長虹。

　　關於五彩長虹，還有一個美麗的傳說。據說在瀑布的深
潭下面，有一群如花般美麗的姑娘，她們日日夜夜敲打非洲
的金鼓。這群打鼓的姑娘，個個都身著色彩鮮艷的衣裳，當
衣裳艷麗的色彩被瀑布的銀光反映到藍天上後，天空就會有
美麗的彩虹出現。

　　在維多利亞瀑布，你不能錯過的景觀，就是「沸騰鍋」

了。在大瀑布傾注的第一道峽谷南壁東側，有一條南北走向的峽谷把南壁切成東西兩段，峽谷寬僅60餘公尺，大瀑布從四面八方傾瀉下來的激流，全部在這裡匯合。但由於這段峽谷不僅曲折迴旋，而且有許多巨大的岩壁縱橫錯列，在谷底布成了層層的路障。當從高空跌入的瀑布從四處滾滾而下時，在這個狹窄的鍋底突然受阻，滾滾激流就變成困獸，暴跳狂吼，在這裡猛衝猛撞，於是整個峽谷激盪著一片沸騰之聲。

面對「沸騰鍋」，不論你是誰，有過怎麼樣的人生經歷，你都一定會為這沸騰的激流而激情湧動。因為大自然幾乎把所有的風、雨、雷、電和聲、光、色彩都集中到這條狹長的山谷裡，讓它們進行著殊死的競逐，而正是在這場殊死的競逐中，強者才顯出偉大的力量。

奔騰的激流衝破「沸騰鍋」之後，前面豁然開朗。舉目四望，只見對面山崖上，是深淺色調的青山綠草，而峽谷中那漫天蒸騰的水霧，如閃爍著的光羽；彩虹中時隱時現的遊人們，則如天宮裡翩翩起舞的天仙。

想觀看瀑布，還可以到辛巴威一側，順著幽徑前行。首先撲入眼簾的就是雄厲駭人的魔鬼瀑布，接著就是主瀑布。主瀑布附近常年草青葉綠，一派秀麗的原始風光。馬卡布瓦島東邊的馬蹄瀑布，流經一段地岬，瀑布形如新月，因而得名。觀賞馬蹄瀑布就如看到萬馬在絕壁上奔騰，耳畔隆隆的濤聲，則如「達達」的馬蹄聲。正當你為馬蹄瀑布的景色深深陶醉時，道道彩虹開始出現，這就是你先前看到的彩虹瀑布，它是大瀑布的最高段，跌水高約120公尺。不過，在這個角度觀看，會看到從峽谷裡、從瀑布間、從樹林中，從不同方向升空的彩虹。東瀑布在最東段，它在旱季往往是陡崖峭壁，在雨季才成為掛滿千萬條素練的瀑布。

事實上，無論在什麼地方觀看瀑布，在什麼角度觀看瀑布，斜陽下的瀑布都是最動人的。夕陽西下時，一叢叢火紅、朱紅和粉紅色的非洲杜鵑如燃燒著的火焰，點燃著人們心中的激情。此時，你可以點一支菸，或者喝一杯酒，讓旅途所有的疲憊，都化做維多利亞瀑布的一片雲煙，隨風而去……

✸「刀刃橋」飛架於瀑布兩邊的懸崖之上，是近距離觀賞瀑布的佳地。

✸乘坐小艇在形成瀑布的激流中奮勇拼搏，無疑是探險者對自己勇氣最大的考驗。

搜索地標：南非

Mount Aux Sources

蘇爾斯山 · 眾河匯流之地

清晨，在初升的陽光下，蘇爾斯山高聳的峭壁一片金黃；入夜之後，冷峻的岩壁，則又透著陰森與恐怖。如果你在蘇爾斯山時間長了，你會意外地發現：這裡也會有瀑布飛天而下，也會有澄澈的泉水從山中湧出。

✦蘇爾斯山海拔約有3050公尺，是奧蘭治河、瓦爾河和圖蓋拉河3條河的源頭。

如果你喜愛那瀑布飛流直下的磅礴氣勢，欣賞它捲起千堆雪的美麗畫面，喜歡它在山的奇險和陡峭中，拓展著豐富自己的生命歷程，蘇爾斯山絕對不會讓你失望。它高聳的峭壁，以及周圍一望無際的草原，飛流直下的瀑布，構成一幅美不勝收的畫面。

從遠處看，潮濕多霧的蘇爾斯山宛如一個害羞的少女，總是在蒸騰的雲霧做的面紗中，半掩著自己的美麗面孔，讓人很難一睹她的綽約風姿。而行走於蘇爾斯山，則會有另外一種驚喜與發現：先是有澄澈的泉水從山中湧出，當你沿著圖蓋拉河而行，走到上游一段緩坡後，那由半月形峭壁傾瀉而下的激流，就成為或大或小的瀑布群，這就是瑰麗壯觀的圖蓋拉瀑布了。

圖蓋拉瀑布是蘇爾斯山與圖蓋拉河的完美傑作，總落差944公尺，由5級組成，是非洲落差最大的瀑布。其中，最大

一級的落差達411公尺，氣勢磅礡。所以，在你見識到瀑布的
美麗身姿前，它那驚天動地的響聲就會先傳入你的耳中，而
這些響聲似從地層深處滾滾而來，且越接近瀑布響聲越大。

讓響聲引領你前行，突然間，會有一道高達400多公尺的
大瀑布，如一片狂濤驚瀾，排山倒海般撲向你。它是那麼波
瀾壯闊、那麼氣勢浩瀚，以至於在它的面前，世上萬物似乎
都顯得渺小和平庸。再走近一些時，你會發現：那滾滾飛濤
千姿百態，有的如白練排空，水天一色；有的薄如輕紗，讓
人恍惚迷離。而在一些水霧蒸騰中，遙看瀑布的頂端，則高
不可測。即使你很可能剛從維多利亞瀑布歸來，對圖蓋拉瀑
布，恐怕也依然會百看不厭。

圖蓋拉瀑布不遠處，就是納塔爾皇家公園了。在飽覽了
飛瀑後，便可以去納塔爾皇家公園走走。納塔爾皇家公園大
部分是熱帶草原，山谷中分布有森林。沿著森林中的小徑向
前，你不會遇到白雪公主，卻可以與斑馬、羚羊、蹄兔、南
非大狒狒等可愛的動物相遇。

這些動物中最讓你開心的，大概要數南非大狒狒了。南
非大狒狒生性活潑，總是喜歡頑皮地在樹枝間縱跳，而且已
習慣了遊人的到來，大膽一些的大狒狒，會跑到路上，來撿
拾人們丟棄的食物，或者向遊人做鬼臉。而此時，也會有一
隻或兩隻雀子，從樹間撲騰而出，又倏地消失，速度之快，
讓人感到這好像僅僅是一種幻覺。

✻蘇爾斯山潮濕多霧，山道旁
不時有瀑布飛濺，泉水淙淙。

而沿著蜿蜒
的山道往回走，
也會冷不防在某
個轉彎口，看到
一片山野花開得
正艷。雖然，你
叫不出野花的名
字，卻可以揮一
揮衣袖，帶走蘇
爾斯山的幾許浪
漫，更帶走幾分
柔情。

搜索地標：西印度洋

Seychelles Islands

塞席爾群島

美麗純淨的島國

塞 席爾，在這個印度洋西部的島國，藍天、白雲、金黃色的沙灘、翠綠的叢林和清澈見底的
海水，幾乎都是純潔的色彩，加上遠離城市，它的空氣很少受污染，現在世界很少有地方
能像塞席爾一樣，純淨、自然了。

✤塞席爾最大的島是馬埃島，
首都、國際機場和主要經濟活
動都集中在這個島上。

在 城市生活時間長了，有時會有一股想要拋開一切的衝
動，總是想尋找一個可以自由呼吸的地方。如果你也有
這種衝動，甚至是蓄謀已久的願望，你可以來塞席爾——一
個平和的、平靜的、「乾淨」的地方——「養傷」。

塞席爾是印度洋西部的島國，它西距非洲大陸1500多公里。地處非洲和亞洲兩洲海上交通要衝。如果你是一個浪漫的人，下了飛機，你肯定希望有美女手捧花環迎接你，但如果沒有，你也不必鬱鬱寡歡，因為那瀰漫的梔子花的香味，會如清晨的微風，讓你心曠神怡。

塞席爾有一種不經意的迷人元素，有一種很原始的吸引力。在這個地方，你想做什麼，似乎都可以美夢成真。不想做什麼也沒關係，你還可以在藍天下，對著海水、沐著陽光、吹著海風發呆，有些美妙的時光就是用來浪費的。

如果你想垂釣，那麼一定玩多久都不會覺得乏味，因為這裡有遠近聞名的垂釣場。如果你喜歡出海體驗深海垂釣的樂趣，11月到翌年3月是最好的季節，也是釣魚的旺季。無論你愛好的是深海網捕、還是近海垂釣，都可以盡興而歸。至於是在海邊陡坡、還是在平緩的岸邊垂釣，那就看你的選擇了。

塞席爾人用奶油和甜橙製成的極富熱帶風情的甜點小吃。

✤如果是來塞席爾度蜜月，那就可以沿著浪漫的環遊路線，前往各個小島，從不同的角度觀賞世界上最美、最激動人心的海岸景色。

✤在塞席爾明澈的海邊拾貝殼，一定會得到很多意外和驚喜。

　　如果你想看看非洲的植物，塞席爾的普拉蘭是首選之地。普拉蘭是塞席爾第二大島，距馬埃島僅40多公里，乘船2個小時就可抵達。一到普拉蘭島，你就會為島上的植物所震撼。因為遠離大陸，普拉蘭這個小島上的植物可以說是與眾不同。不僅個個都是超大型的，而且茂盛中還帶著幾分肆無忌憚，色彩更是濃郁得如同潑墨畫。這裡的松塔同哈密瓜一樣大，如果不是親眼看到，真的難以相信會有這樣大的松塔。如果你看到了無憂草的葉子有半公尺寬，你也不必太驚訝。

　　不過這裡最出名的還是塞席爾那個最神奇的特產——海椰子。在普拉蘭島，海椰子隨處可見。別以為海椰子與普通的椰子的區別就是生在海裡，事實上，海椰子也生在陸地，只是比普通的椰子大得多，每個都有十幾公斤重。最有趣的是，海椰子有雌雄之分。雄椰子樹的果實呈長棒形，而雌椰子樹的果實呈骨盆形。受此啟發，聰明的塞席爾人就在廁所門口畫著雄、雌海椰子，表示男女有別。雖然把吃的東西畫

在廁所門口，或許有點不倫不類，倒也簡單明白，讓人一目瞭然。

而關於海椰子的名稱，還有一個典故。據說，從前有一位馬爾地夫漁民在印度洋上捕魚時，從漁網裡發現了一顆椰子，當時的人們以為它是長在海底的一種巨樹的果實，所以，就把這形狀酷似女人骨盆的椰子，稱為「海椰子」。後來，人們在普拉蘭島的「五月山谷」裡發現了一片椰子林，才明白，這大椰子不是長在海底。最感人的是，如果其中一株椰子被砍，另一株椰子就會殉情而死。面對這般有情有義的植物，又怎能不讓人唏噓感嘆，頓生憐愛之情？

對於遊客們來說，椰子大概是生活中可有可無的風花雪月，但對於當地人來說，椰子可全身都是寶。一般來說，椰子長到9個月左右時，果汁就變得十分香甜；而椰子完全成熟後，它堅硬的白色椰肉可以做上等的補藥；果核則是貴重的工藝品原料。或許因為這樣，它才變成了塞席爾的國寶。

如果你想觀賞鳥類，塞席爾會讓你如願以償，塞席爾還一向負有「燕島」的盛名。置身「燕島」，你可看到形態各異的鳥兒在群山叢林間飛翔。這些鳥兒或三三兩兩，或成雙成對，即使是一隻，也不會感覺到形單影隻，也生活得很快樂的。與牠們同樣幸福的，還有各種各樣的蟲兒。當蟲鳴聲、鳥叫聲渾然一體時，你會感覺到大自然協奏曲是多麼動聽，於是，一種久違的溫馨就會將人包圍。這時你會發現，生活，不僅僅是單調的重複、日漸的麻木，如果你想擁有，一定還有美好的一面，還有繼續下去的理由。

藍天、碧水、陽光、沙灘、海風，塞席爾擁有了一個美麗的海島國家應該具有的萬種風情。不看電視、不看報紙、不用電腦，在塞席爾，你可以隨心所欲。世界上還有哪一個地方，能像這裡如此閒適慵懶呢？

離開塞席爾時，你大概會突然產生一種想留下來的衝動。

❋塞席爾群島中的阿爾達布拉島是著名的「海龜王國」，以島上生長的象龜而聞名。這些大象龜有的體重可達300公斤，是名副其實的龐然大物。

❋椰子果實生長成熟後，往往會自動落下來，果實隨水漂流，遇到合適的環境就會生根發芽，開始新的生命。

搜索地標：印度洋西南部

Madagascar

馬達加斯加 ·奇異的天堂島國

馬達加斯加，是一個被時間遺忘的孤島，在這裡進化揚棄了常理，創造出了奇特的生命世界：青蔥茂盛的熱帶雨林、烈日灼人的平原與風景宜人的海濱勝地並存，就連這裡的樹冠都如同伸向天空的樹根。而多刺的植物和獨具特色的動物，更為這裡增添了詭異的色彩。

馬達加斯加位於印度洋西南部，既是非洲第一大島，又是世界第四大島。它隔莫三比克海峽與非洲大陸相望，海岸線長5000公里，年平均氣溫在22℃左右，是一個典型的熱帶島國，它那細白的沙灘、純淨的大海和蔚藍的天空，會讓你的心境豁然開朗；其獨有的珍禽異獸，不僅為自己贏得「活化石的土地」、「甜島」、「牛的國度」、「牛的王國」等美稱，也帶你走進一個溢彩流光的動物世界。

如果你乘飛機在馬達加斯加島上空俯瞰，可見這片印度洋懷抱的奇異島國上，是一片蔥綠和橘紅：蔥綠的是樹木，橘紅的是土路。橘紅色的土路將一片片蔥綠的農田與明黃色的屋頂蜿蜒曲折地分割著。由於沒有高速公路和摩天大廈，這裡的居民區稀疏地散落於梯田的縫隙裡。

馬達加斯加的首都是安塔那那利佛，位於島中部高原的山脊上，法式的洋樓漫山遍野地分布著。在藍天的映襯下，這些掛在山丘上的黃色、綠色、粉色尖頂洋樓，分外妖嬈。站在洋樓上遠眺，可見遠處的山巒上教堂塔尖的剪影；而行走於安塔那那利佛大街，則見行人如織，大都市的繁華，在這裡一覽無遺。

由於馬達加斯加曾是法屬殖民地，當地人的模樣與非洲大陸上的黑人在外形上有很大區別。因而，如果你在安塔那那利佛的大街上，看到男人個子不高、看到美女頭上沒有黏貼假髮，你不必大驚小怪。

馬達加斯加有不勝其數的迷人景觀，其中，最著名的是安塔那那利佛的津巴扎扎公園。公園位於王宮山麓的津巴扎扎湖畔，向有「津巴扎扎動植物園」之稱。津巴扎扎公園內匯集了全國各種名貴植物，其中最稀有罕見的名貴植物，非旅人蕉莫屬。從外形看，旅人蕉十分高大，但最奇特的是：這個高10多公尺的龐然大物的葉柄基部，竟儲有清潔的水分，如果你渴了，大可喝上幾口。

馬達加斯加是個別具一格的島嶼，這裡堪稱動植物的天堂，不僅是津巴扎扎公園，很多地方都遍布著奇異的、多刺的植物、眾多冷峻的石筍

✤馬達加斯加島上還生活著種類占世界總數1／3的避役，即變色龍。因此這裡也是有名的「變色龍王國」。

✤在馬達加斯加，狐猴是當之無愧的最閃亮的明星。島上牠們的標誌和介紹隨處可見。

✤ 在鳥語花香的馬達加斯加留駐的時間一長,你就會發現:在這裡生活實在是一件最奇妙的事情。你可以看看動物、雨林和海島,可以去海上觀鯨,可以採摘享譽世界的華尼拉香草,可以去逛工藝品市場,不管怎樣,都是記憶中一種珍貴的收藏。

以及眾多的野生「居民」，即名目繁多的動物。其中，最讓人感到其樂無窮的，是靈長類的珍奇動物——狐猴。

狐猴身高一般也就15公分，體重才45公克左右，是鼠科狐猴中最小的品種。狐猴狐面猴身，雖然從外表上看起來，沒什麼特別之處，但牠的性情卻極其溫順，可以說是人見人愛。狐猴有斑狐猴、冕狐猴之分。不管是斑狐猴、冕狐猴，小時候都很活潑，都十分淘氣，沒有片刻的安寧。因而，如果你置身於馬達加斯加，一定要小心，否則，就會被突然跳到你肩膀上的狐猴嚇一大跳。

狐猴喜歡吃花朵，所以，如果想要看冕狐猴，你可以到百花爭艷的地方。如果在這裡看到冕狐猴，一定要小心，不要發出聲音。要知道：冕狐猴做事一向小心翼翼，只要一發現意外情況，牠就會逃之夭夭。但初生的冕狐猴不怕人，即使你與牠相距咫尺，牠也照樣我行我素，對人視若無睹。但如果看到黑鳶，大狐猴的神情就變得異常警覺。因為在馬達加斯加島，黑鳶經常打擾大狐猴生活。每當黑鳶驚擾了一群大狐猴，大狐猴就會用一種刺耳的歌聲，來宣告對一塊林地的主權。不過，大部分時間，大狐猴都不太在意，牠在林中覓食上竄下跳，身手非常敏捷。

而在馬達加斯加大片的大草原中，你會體驗到另一種完全不同的樂趣。比如：在草原上，你可在青草叢中嬉戲，舉目仰望，可見頭上那深藍的天空中飄動著的朵朵白雲，遠眺則是稀疏的猴麵包樹的剪影。在晚霞的映襯下，猴麵包樹那高大渾圓的樹幹、大蘑菇般的樹冠，樹幹與樹冠極度不協調的的比例總是讓人產生錯覺，讓人感覺不到這是樹，而是一個「巨人」。站在這樣的「巨樹人」下，沒有人不深感渺小。

如果你玩得餓了，還可以去吃吃海鮮。雖然在馬達加斯加吃中餐算是比較高檔的消費了，但海鮮普遍很便宜，像：龍蝦和石斑魚。如果不想吃海鮮，可以跟當地人學學烤牛肉，在這裡的農村，幾乎每家每戶都有一手烤牛肉的絕活。當你掌握了烤牛肉的絕活，就可以一邊吃著牛肉，一邊聽著音樂，一邊看著那些在淡綠麥田襯托下格外優雅的粉紅色尖頂洋樓，看著洋樓明黃色的外牆與藍天相映成趣。相信這樣怡然自得的生活，對於很多生活在大都市的人來說，是一個十分奢華而遙遠的夢。

馬達加斯加雖然是一個島國，但也有十分廣闊的平原地帶以及豐盈的濕地沼澤，這裡也成為動植物棲息的另一種樂園。

馬達加斯加的番茄蛙。這種小蛙雖然樣子美艷，皮膚中卻含有能引起人劇烈疼痛的防衛性毒素。

Chapter3

萬種風情

搜索地標：埃及

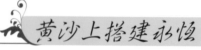

Giza

吉薩

黃沙上搭建永恆

即便你的想像再豐富，站在吉薩高地的金字塔和獅身人面像前，你也無法想像出，古埃及人是怎樣塑造了這世界最偉大的奇蹟。

※對於這世上的大多數朝聖者來說，終於來到大金字塔下的一刻，也許就意味著到達了心靈朝聖的終點。

吉薩高地位於開羅近郊，開車只要十幾分鐘即可抵達。這片赤日炎炎、黃沙瀰漫的土地離城市如此之近，可能會把很多人嚇一跳。埃及人引以為榮的金字塔，就座落在這無邊無際的沙漠上。

由於沙漠如刀的冷風和瀰漫的黃沙，總是在不經意間撲入你的眼簾，因而，對於遠道而來的人們來說，也許一下子

找不到方向感。但你在吉薩高地，不必擔心自己會迷路，金字塔可以引領你一路向前。

行走於吉薩高地，你首先看到的，應該是建築體積最大的金字塔——胡夫金字塔。胡夫金字塔建於埃及第四王朝，其底面呈方形，每邊長約230公尺，體積260萬立方公尺，塔高137公尺，用拔地而起、高聳入雲來形容它，絕對是恰如其分。站在地上，如果想要望到它的塔頂幾乎是不可能的，無論是誰，只能抬頭仰視高聳的它。這時，你就會感覺這座金字塔擁有居高臨下的王者風範。

如此龐大的胡夫金字塔，全部都是用石頭壘砌而成的。據說，僅胡夫金字塔的塔身，就用了230萬塊石頭，而且平均每塊石頭都有2.5噸重。現在，如果把吉薩高地3座金字塔拆了，這些石塊足以在法國的國境線上築建一道3公尺高、0.3公尺寬的石牆。由此可見，金字塔用料之多，真的是空前絕後。

由於長年的風雨侵蝕作用，現在的胡夫金字塔已降低了近10公尺。但是他兒子卡夫拉的那座塔卻保存完好。卡夫拉金字塔建於西元前26世紀。雖然在規模上，卡夫拉金字塔不能與胡夫金字塔相提並論。但卻比胡夫金字塔更精美絕倫。特別是它的塔身，由於用了磨光的花崗石飾面，因而顯得極為精緻豪華。

吉薩高地的第三大金字塔，就是孟卡拉的金字塔了。孟

✤在艾菲爾鐵塔建成前，胡夫金字塔一度是世界上最高的建築物。

✤胡夫法老坐像。

作為人類古老聞名的象徵，大金字塔已在吉薩高地蒼涼地矗立了40多個世紀。名垂青史的世界七大奇蹟，如今已殞其六，唯有這一處還在黃沙中巍然屹立，見證了地球與人類的滄海桑田。

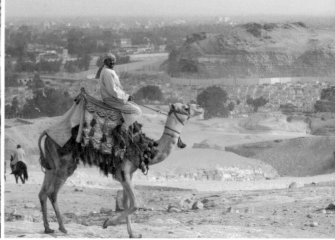

卡拉金字塔高66.5公尺，正方形底部邊長為108.5公尺。無論從規模還是高度上，都無法與前兩座金字塔同日而語。但它依然是埃及最完美的金字塔之一，並象徵著法老至高無上的權力。當你站在北非戈壁沙漠的烈風中，貼近孟卡拉金字塔那巨大的底座，撫摩經歷了4000多年歷史的一塊塊石頭時，你難免會被這些石頭帶入40多個世紀前的那個時空。在那裡，你會見到，10萬奴隸正在用撬桿把石塊移到圓柱的滾木上，通過滾木，將石塊運到尼羅河邊裝船，順著尼羅河將石塊運到工地。然後，再利用斜面原理，將石塊從碼頭用人工、畜力拖拉到指定的位置，隨著金字塔逐層增高，逐步加大坡道的坡度，直到金字塔塔頂。而在金字塔未完工前，金字塔深陷於坡道和輔助用土堆的重圍中，直到完工後，它們才被拆除，清理一空。

✻金字塔的表面遠望光滑，其實近看是由一級級階梯狀的石塊構成。

　　即使你是一個技術高超的建築學家，你也會為金字塔無可挑剔的施工工藝折服，因為3座金字塔沒用一根木頭，一顆鐵釘。只在石塊間或施以薄灰漿，或直接相互吻嵌。雖然工藝簡單，但那些接縫十分嚴密，細針、刀片都無法插入。如果你不是親眼目睹，你真的以為這是別人在信口開河。

　　在吉薩高地，除了金字塔之外，最吸引人的景觀，當然是獅身人面像了。獅身人面像，它位於卡夫拉金字塔的東面、金字塔園區的東大門前。

　　據說希臘人每一次看到獅身人面像時，都是大吃一驚，因為它像極了希臘神話裡的怪獸斯芬克斯。此後，人們就喜歡稱它為「斯芬克斯」。事實上，這獅子的人面像可能正是

獅身人面像

在大金字塔畔矗立的獅身人面像
是與金字塔齊名的古埃及象徵。
考古學家一度認定了它就是卡夫
拉法老的化身，然而近年來的考
證卻顯示這座雕像的建成年代很
可能更早。關於它的身世，是古
埃及人為我們留下的另一個不解
之謎。

卡夫拉法老的臉。

　　獅身人面像與卡夫拉金字塔同期建成，當年這裡曾經是一座採石場，為造金字塔提供石料，卡夫拉法老來巡視自己的陵墓時，看到陵墓東面，竟然堆著凌亂不堪的石山，感到極不雅觀。於是一位聰明的工匠就提出了一個很好的建議：把小山雕成卡夫拉法老的頭像和獅子的身軀，對於這個提議，卡夫拉當然是極為讚賞，於是，一件千古不朽的造型藝術品，就從此誕生。

　　在氣勢恢宏的胡夫金字塔南側，有一座看上去小巧玲瓏、設計新穎別緻的建築物，它就是著名的太陽船博物館，舉世聞名的太陽船，就存於太陽船博物館內。存放太陽船木板的石坑，是1954年5月在胡夫金字塔南面發現的。石坑被發現後的11年，有關專家又將船板重新組裝完畢，使胡夫太陽船昔日的雄姿，再現於世人面前。

　　在金字塔周圍，有許多騎著駱駝的阿拉伯人，或向遊客兜售各種旅遊紀念品，或笑容可掬地邀請遊客乘坐被裹得色彩繽紛的駱駝。這些留著兩撇鬍子滿臉謙和笑容的阿拉伯人，雖然沒有他們身後的那些金字塔那樣高大，但正是有了他們，靜靜的金字塔園區才變得生機盎然，活力無限。

　　站在金字塔園區的東大門向西眺望，只見靜靜地屹立時光河流中的斯芬克斯，如金字塔的守護神，默然匍匐在卡夫拉金字塔前，俯瞰著人間的滄海桑田。而無論滄海如何桑田，世事如何變化，獅身人面像和金字塔，都是古埃及文明的代名詞，都是現代埃及最動人的風景線。驀然回首時，籠罩於塵霧之中的偉岸身影，依然聳立於茫茫沙漠中，如一粒落定的塵埃、一縷永不散去的微風。

搜索地標：埃及

Abu Simbel Temples

阿布·辛拜勒神廟

永恆的凝望

阿布·辛拜勒神廟可以說是一座巧奪天工的建築，是世界建築史上最偉大的奇蹟。無論是它巨大精美的浮雕，還是舉世無雙的「日出奇觀」，都給人眼花撩亂，五彩繽紛的感覺。但讓它名聲遠揚的，是它那舉世無雙的「日出奇觀」。

✵阿布·辛拜勒神廟整個在尼羅河西岸的懸崖峭壁上雕鑿而成，堪稱人類建築史上的一大傑作。

尼羅河流域是人類發源地之一，保留有大量文化遺產和綺麗的自然風光。其中，最為著名的，是埃及最南端的阿布·辛拜勒神廟。如果說《埃及艷后》、金字塔在長河落日間的想像，是人們心中難以拂去的一抹瑰麗的夢想。那麼，埃及

最南端的阿布‧辛拜勒神廟，則是那抹瑰麗夢想中的夢想。

阿布‧辛拜勒神廟位於亞斯文以南280公里處的納賽爾湖湖畔，這裡黃沙漫漫，戈壁連天，自此驅車不到半小時就是蘇丹地界。

阿布‧辛拜勒神廟是由古埃及最偉大的法老拉美西斯二世所建。3000多年前，當時努比亞的庫什王國雖然已臣服於埃及，但仍然不斷地侵犯埃及。為了展示埃及的國威、法老的神聖，拉美西斯二世決定，在埃及最南端修建阿布‧辛拜勒神廟。阿布‧辛拜勒神廟用了20年時間方才完成，地位僅次於金字塔和獅身人面像。

但如果不是瑞士探險家布爾卡德，這座被埋葬在沙土裡近3000年的神廟，依然會繼續沉睡下去。1813年，瑞士探險家布爾卡德去看尼菲塔麗王后的小神廟，當他準備原路返回時，卻鬼使神差地向南繞了一段路，結果，看到了4座幾乎已全部陷入沙中的巨像，這就是偉大的阿布‧辛拜勒。

由於入口在聖廟的背面，因此，不管誰要去阿布‧辛拜勒神廟，都必須繞著納賽爾湖，沿著一條長長的半弧形路前行。當你將波光艷影的納賽爾湖一覽無遺時，就可以看到土坡上阿布‧辛拜勒神廟那壯觀而龐大的側影。

走近神廟入口，可見4座高達21公尺的拉美西斯二世的巨像。雖然其中一座已經坍塌，但其他三座巨像依然高高聳立於藍天白雲之下，顯示著一個帝王的至高無上的威嚴。而當太陽光灑在巨像上，就如給巨像披上了一件金色的袍子，分外美麗。

如果你仔細觀看就會發現：在拉美西斯二世的4尊雕像小腿之間，有拉美西斯二世王族的雕像。而王族雕像與拉美西斯二世巨像間的反差，則讓人感覺到拉美西斯二世王權的強大。

阿布‧辛拜勒神廟內有3個大廳，其中，外間廳最大，中間廳分兩排矗立著8尊神化了的拉美西斯二世像。

走進神廟大殿，首先撞入你視線的，是拉美西斯二世的立像，以及他和三位埃及神明並肩的坐像。其次，就是一幅幅精美的岩刻、浮雕。

在阿布‧辛拜勒神廟內，這些色彩鮮明的岩刻以及生動亮麗的浮雕圖案，隨處可見。這些岩刻、浮雕都是戰爭和供奉神的畫面，由於岩刻年代久遠，要一一辨認清楚它們，要花上幾天時

✤阿布‧辛拜勒神廟大殿。

✤阿布‧辛拜勒神廟內部，表現拉美西斯二世法老征戰沙場的壁畫。

間，絕對不能走馬看花。那些浮雕不僅再現了拉美西斯二世當政期間的生活情景，也描繪了為爭奪敘利亞地區統治權，拉美西斯二世與赫梯人在卡迭石城會戰的場景。在這些場景中，最維妙維肖的，是拉美西斯二世駕著華麗的戰車、帶著馴服的獵豹以及戰敗的俘虜凱旋的種種畫面。

穿過61公尺長的甬道，可來到最裡面的小廳，小廳是阿布·辛拜勒神廟的聖所。聖所雖

※阿布·辛拜勒神廟外四尊拉美西斯二世雕像莊嚴地凝望著遠方。他們神聖的目光被人們稱為「永恆的凝視」。

然值得一看，但阿布·辛拜勒最引人入勝的，還是「日出奇觀」。「日出奇觀」體現了這座神廟在設計與建築上的匠心獨運，融會了古代埃及高超的建築技巧和最先進的天文、地理、數學等知識。

每到拉美西斯二世的生日和登基紀念日（分別是2月21日和10月21日），從東邊沙漠中冉冉升起的第一縷陽光，就會透過神廟的門洞，穿過神廟大殿60多公尺長的甬道，柔情似水地照射在神廟最內部拉美西斯二世的雕像上，讓這位比肩眾神的偉大法老，即使在死後，也能沐浴在太陽神的照耀中。這種令人匪夷所思的日照奇觀，被古埃及人虔誠地稱為「神光」。

20世紀70年代末，埃及為解決尼羅河問題，決定興建亞斯文高壩。為了遠離因建造亞斯文高壩而形成的納賽爾湖，神廟不得不搬遷至現在高於高壩水庫的位置。而搬遷是一項巨大的工程，為了搬遷神廟，聯合國教科文組織和埃及政府共同努力，採用現代科學技術，將神廟編號切成1000多塊，整體上移了60公尺。這讓相當於6層樓高的大巨像又安然無恙地矗立在比原址高200公尺的新址上。

※晨曦中，阿布·辛拜勒神廟的「日出奇觀」帶給了人們無比瑰麗、無比震撼的視覺和心靈衝擊。

為了保住奇蹟般的「神光」，科學家們可以說是絞盡腦汁，他們不僅運用各種現代科學技術，而且還經過精密計算，還旋轉了神廟的朝向角度。但遺憾的是：由於計算的誤差，搬遷後的阿布·辛拜勒神廟，「日出奇觀」比原來的時間晚了一天，即分別成了2月22日和10月22日。

儘管如此，阿布·辛拜勒神廟依然是世界建築史的一大絕舉，難以想像，在沒有任何機械幫助的條件下，它是如何

建造而成的。而更讓人不可思議的，是它的湮沒、發現和搬遷，簡直是一個精彩的傳奇。

　　拉美西斯二世巨像的不遠處，是他的王后尼菲塔麗的神廟，即小阿布·辛拜勒神廟。小阿布·辛拜勒也是在懸崖上雕鑿成的。走進小阿布·辛拜勒神廟，尼菲塔麗的塑像迎面而來。尼菲塔麗的塑像高達10公尺。由於它的雕刻工藝，十分高超精湛，塑像看起來十分逼真，特別是塑像從容自若的神態，將一代豔后的雍容華貴與落落大方的丰韻，體現得淋漓盡致。

　　拉美西斯二世為什麼修建了王后尼菲塔麗的神廟呢？是出於對王后的愛意，還是出於權力的體現？人們無從得知。但人們能夠目睹的是：四大文明古國之一的古埃及，正是因為阿布·辛拜勒神廟與王后尼菲塔麗的神廟，才更為光彩奪目，才如磁鐵一樣，吸引更多的人蜂擁而至。

※阿布·辛拜勒坐西朝東，面對波光粼粼、水勢浩蕩的納賽爾湖，高約33公尺，寬約37公尺，縱深約61公尺，氣勢十分恢宏。

搜索地標：埃及

Luxor

盧克索 古埃及的「百門之都」

對於那些想探訪埃及古文明的人，盧克索是一個比金字塔更精彩絕倫的地方。歷代法老在這裡興建神廟、宮殿和陵墓，經過幾千年的歲月，它們雖已歷經風雨，但透過殘缺不全的廢墟，依稀可以一窺它們往昔的燦爛與輝煌。

埃及人常說：「沒有到過盧克索，就不算到過埃及。」

盧克索是一座並不發達的城市，但它卻有著深厚的文化底蘊與獨特的自然風光。在古代，盧克索又叫底比斯，是古埃及中王國和新王國（約西元前2040～前1085）的都城，它毀於西元前88年。據說，之前的底比斯不僅人煙稠密、廣廈萬千，而且僅城門就有100座之多，因而，《荷馬史詩》中把這裡稱為「百門之都」。數百年的時間裡，法老們就從這「百門之都」發號施令，縱橫捭闔，使古埃及的政治和經濟達到了前所未有的巔峰，一躍而成為橫跨東地中海地區、北非、西亞的第一大強國。

現在，當時光轉換了4000多年後，不僅歷代法老在這裡興建的神廟、宮殿和陵墓，都變成了殘缺不全的廢墟、「百門之都」名存實亡，而且盧克索也早已失去了昔日的繁華輝煌，但它卻成為那一段輝煌歷史的見證，成為世界上最大的露天博物館。

現今盧克索的古建築群中，保存最完整、規模最大的就是卡奈克神廟。

卡奈克神廟位於盧克索以北5公里處，是法老們獻給太陽神、自然神和月亮神的廟宇建築群，有大小神殿20餘座，全部用巨石修建。整個建築群規模十分宏大，僅殿堂就占地達5000平方公尺。院內有高44公尺，寬131公尺的塔門、有寬102公尺，深53公尺的大柱廳。行走於殿堂中，會有134根高聳入天的圓柱——撲入你的眼簾。更不可思議的是：圓柱通體遍布著十分精美的浮雕，浮雕描述的是太陽神的故事。這些浮雕技藝高超，美妙絕倫。除了圓柱，卡奈克神廟最具特色的就是如林的尖頂石碑。而在神廟的石壁上，

卡奈克神廟中收藏的第十八王朝阿蒙霍特普四世（即埃赫那頓）法老像。這位法老在位時，曾在埃及全國進行以阿頓神取代阿蒙神崇拜的改革。但他去世後，改革即被廢止。他的繼位者便是著名的圖坦卡門。

可見到古埃及人的象形文字，這些象形文字刻寫的，正是他們的光輝史跡。

據說，400餘年前第一個走入這「多柱大廳」的歐洲人，面對這些美妙絕倫的圓柱時驚呆了，而且還發出如此的感慨：「我走進去，一眼看到整行整列的巨大圓柱，還以為自己在做夢！」事實上，這個歐洲人不是在做夢，而是置身於卡奈克神廟，一個神聖的藝術殿堂內。

如果走出卡奈克神廟，你還有些意猶未盡，可以再讓一段並不漫長的石路引領你，去與盧克索神廟親密接觸。盧克索神廟是卡奈克神廟的附屬神廟，座落在尼羅河東岸，規模僅次於卡奈克神廟，是由三代法老修建，而最主要的建設者是第十八王朝的阿蒙霍特普三世和第十九王朝的拉美西斯二世。神廟長262公尺，寬56公尺，由塔門、庭院、柱廳和諸神殿構成。

塔門是神廟的主要入口。無須走近盧克索神廟的塔門，你就可看到塔門前有一個高大的方尖碑。這座方尖碑以古樸的神廟為背景，既古色古香，又落落大方。方尖碑高25公尺，比它後面的塔門要高許多，整個方尖碑直挺而上，與左側的兩株筆直的棕櫚樹相映成趣，為古樸莊重的神廟增添了些許的靈氣。據說，這樣的方尖碑有兩個，另一個已於1836年被移到巴黎的協和廣場中心。

走近盧克索神廟的大門，兩座高大的拉美西斯二世坐像迫不及待地闖入你的視線，坐像有15.5公尺高，再加上約1公尺高的基座，更顯得高大莊嚴。據說，最初在兩座法老像旁還有4個粉紅色花崗岩的立像背倚塔門，其中就有拉美西斯二世的王后尼菲塔麗的立像。但現在，塔門右側僅存有拉美西斯二世的女兒麥麗特‧阿夢的立像，而且已殘破不全。

進入盧克索神廟的內廳，那以合攏的紙莎草花為柱頭的柱子格外引人注目，而柱間埃及神話

✤「柱廳」最中間的12根大柱高21公尺，即使5人合在一起也不能將它摟抱過來。

中奧里斯安的塑像，則栩栩如生，維妙維肖。內廳左側是一個小的清真寺。再向裡走是盧克索神廟的柱廳，柱廳具有令人驚嘆的雄偉氣勢。置身高柱聳立、神祕而威嚴的柱廳，你會眼花撩亂，因為那土黃色的大柱，由內而外，柱式不斷變化，而內側為合攏的紙莎草花，使人暫時忘卻時間的流逝，神思萬千。

走過內廳，走出柱廳，已經走完了盧克索神廟以及它4000多年的歷史。不遠處就是尼羅河。從尼羅河上望去，盧克索神廟像在棕櫚樹頂的一艘大船，而那高高聳立的方尖碑恰如船前撐旗的桅桿，雖然千年的歷史與滄桑有些沉重，但這艘大船，還是滿載著歷史與滄桑，在時代的潮流中奮勇前行。

位於東西兩大沙漠之間的盧克索，雖然沒有迷人的自然風光，但盧克索的美味佳餚可以說是名聞天下，特別是它的烤魚。如果你想品嚐烤魚，可以去位於旅遊市場2樓的瑪爾哈巴餐館，它的中、近東菜系中，就有別具風味的烤魚，而且絕對是才從尼羅河中捕上來的鮮魚。

如果你對烤魚不感興趣，可以去吃料理，位於禮品店密集區的阿蒙店有各國的料理，嚐一嚐，你就會想再吃一次。在盧克索你最不能錯過的，就是「考謝利」，特別是穆哈塔街上的那家「考謝利」專賣店，在那裡，你還可以根據自己的口味添加橄欖和扁豆等醬料。嚐過之後，你或許會對「考謝利」一往情深。

不過要記住，離開盧克索之前，千萬不能忘了去租上一頭駱駝，然後騎在駝背上，去領略一下沙漠中的風景。這樣，你的盧克索之旅就再也沒什麼可遺憾的了。

搜索地標：突尼西亞

Carthage
迦太基 ～ 地中海上的明珠

過去，它曾經是強盛奴隸制國家的首都，它曾經是富比天下的商貿中心，現在，它不僅是古文明的一個重要窗口，而且是一個巨大的考古公園——每一塊牆基、每一個柱頭，都彷彿在向你講述那遙遠又富有傳奇色彩的歷史。它就是神祕而特別的迦太基。

❋雖然經過戰爭的洗劫與歲月的風雨，迦太基城變得殘損不全，但站在這些零星的斷壁邊，依然可以看到昔日貿易王國的燦爛富庶。

位於突尼西亞城東北17公里處，瀕臨地中海的迦太基，是一個很特別的地方，過去，它曾經是奴隸制國家迦太基的首都，最後在三次布匿戰爭中被羅馬打敗而滅亡。現在，迦太基已成為地中海地區古代文明的重要標誌，如一顆明珠

照亮那遙遠的歷史。

關於迦太基的由來，歷史上有許多富有傳奇色彩的傳說。其中最傳奇的一則講道：據說從前有個腓尼基蒂爾王國，國王穆托死後，他的兒子庇格瑪隆為了獨攬大權，一直想置自己的胞妹艾麗莎於死地。無奈之下，艾麗莎公主只好於西元前814年，攜帶著許多財寶與僕人，漂洋過海來到了現在的突尼西亞。

對於艾麗莎的到來，這裡的部落首領馬西塔尼不可能不心懷戒備，但艾麗莎公主的要求卻很簡單——只向馬西塔尼「求借一張牛皮之地棲身」，這讓馬西塔尼不得不答應下來。接著，聰明的艾麗莎公主就把一張牛皮切成一根根細絲，在緊靠海的一片山丘上，一共圈起了315公頃的地皮。馬西塔尼不能食言，只好允許公主在這片領地上建起了迦太基城（腓尼基語中，它是「新城」之意）。

雖然飽經了風霜歲月的洗禮，迦太基仍然沒有失去當年震懾人心的絕世風範。那厚大的石塊砌成的牆基、粗大斷折的花崗石圓柱，無不顯示著當年巨型建築的規模和輝煌；原殿堂廊廈中那雕有花籃形、卷葉形、鈴形、荷花形、棕櫚葉形、獸形、扇形等各式形狀的花崗石柱頭，雕刻藝術更是逼真生動、精細高超。這也難怪1978年，聯合國科教文組織會將迦太基遺址列入第一批「世界文化與自然遺產」的名單中。

在迦太基城邦遺址，沿西面坡路攀上山丘，就會看見雄踞在丘頂北部的聖路易大教堂，即迦太基文明博物館。置身於迦太基文明博物館，面對著迦太基考古區出土的各個歷史時期的文物和資料，會讓人情不自禁遙想那逝去的歲月，那些消逝在歲月長河中的刀光劍影。

走出教堂，站在教堂門口，驀然回首，突尼西亞灣那蔚藍寧靜的海水，正穿過如煙往事的海水，款款走來，它波瀾不驚，溫柔優雅，像一個大家閨秀在曼聲傾訴，呢喃著讓你相信，無論任何人來這裡，都會愛上這片絕美的土地。

✤現在的迦太基城邦遺址都是羅馬人佔領時重建的，因而，行走於迦太基城邦遺址，滿眼所見的是典型的羅馬建築風格和布局。

✤迦太基人西元前3～前2世紀的陶製面具。

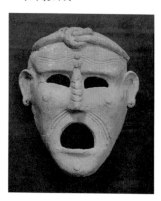

搜索地標：埃及西奈半島西側，連接地中海與紅海

Suez Canal

蘇伊士運河·世界航道的十字路口

儘管與非洲其他地方相比，蘇伊士運河沿岸的風景有些單調。但運河那潺潺流動的河水，那幾經波折的歷史，本身就是一段無言的曠世傳奇。

處於埃及西奈半島西側的蘇伊士運河，全長約160公里，可以說是一條相當長的水道。它貫通蘇伊士地峽，連接地中海與紅海，為從歐洲至印度洋和西太平洋的航船提供了一條最近的航線，大大節省了航程。比如：去英國的倫敦港，或由法國的馬賽港到印度的孟買港，如果取道蘇伊士運河與繞道好望角相比，可分別縮短全航程的43%和56%。因此，蘇伊士運河一舉成為世界使用最頻繁的航線之一，並為自己贏得了「世界航道的十字路口」的美稱。

如此偉大的航道是如何修築的呢？事實上，蘇伊士運河的開鑿工程，是於1859年4月25日正式開始的，直到1869年11月17日這條貫通地中海和亞洲的巨大水上捷徑才竣工通航。

由於當時的勞動條件相當原始，完全靠手工的勞動，再加上炎熱乾旱、惡劣不堪的熱帶沙漠氣候，據說共有12萬人死於運河的開鑿工程，說蘇伊士運河是埃及人民用血和淚換來的，絕沒有誇大其辭。因而蘇伊士運河同金字塔一樣，是屬於埃及人的。但由於蘇伊士運河具有世界戰略位置，多年來，西方一些國家一直利用「國際蘇伊士運河公司」，把運河的主人──埃及──排斥在外。

為了奪回對運河的主權，埃及人進行了長期的爭鬥，終於在1956年，埃及政府採取強硬政策，將蘇伊士運河收歸國有。之後，埃及政府開始著手進行運河的擴建工程。

現在，經過多次修建後的蘇伊士運河，吸引更多的大型油輪和貨輪在此經過。但對於遠方的來客而言，最吸引他們的，則是蘇伊士運河沿途的異域風光，特別是它東岸的西奈半島，不僅地勢較高，而且人煙稀少，偶有駱駝警衛兵沿河巡邏而過，會讓人想起「大漠孤煙直」的蒼涼景象。與蘇伊士運河東岸相比，西岸則鬱鬱蔥蔥，車輛如織。

在名聞天下的運河三城──塞德港、伊斯曼利亞和蘇伊士城中，最為重要的港口城市是塞德港，它位於運河與地中海的匯合處，是政府特許的自由港和特別經濟區。由於在軍事、經濟方面具有特殊地位，塞德港變得特別忙碌，南行船舶每天在這裡進行兩次編隊，每天約有六、七十艘船隻通過這裡。

從塞德港向南，船行至76公里（從塞德港起算）時，就會看到一個很大的湖泊，這就是達提姆薩湖，而湖的西側就是被譽為「運河的新娘」的伊斯曼利亞。伊斯曼利亞是運河公司的行政中心和控制中心，漫步其中，如置身於一座小巧玲瓏的花園中，而那蔥蘢的樹木、如茵的綠草、一幢幢精美的別墅，讓你很難相信自己是在非洲。

✤法國外交官費迪南德‧李賽普，是蘇伊士運河的設計和主持建造者。

✤名聞天下的運河三城──塞德港、伊斯曼利亞和蘇伊士城，就在西岸南北排開，給西岸帶來盎然的生機與活力。

搜索地標：衣索比亞

Lalibela
拉利貝拉 岩石上的奇蹟

拉利貝拉是衣索比亞人的聖地，這裡有拉利貝拉獨石教堂，它是從堅硬的岩石中開鑿而成的教堂，不僅造型驚人，內部裝修更是獨具特色，讓人拍案叫絕。

旱季，貧瘠的拉利貝拉是一片片耀眼的黃；即便是在雨季，拉利貝拉這裡翠綠的樹也盡顯出一種蒼涼。這裡引誘世人前來的並非任何自然風光，而是一個個在岩石中雕鑿出的奇蹟。

拉利貝拉是一個教堂的世界，面對這些教堂，你第一個感覺就是震撼，絕對的震撼。

聖喬治教堂離其他教堂較遠，座落在一個豎井底部。

位於衣索比亞北部山區的拉利貝拉古城，簡直是一個教堂的王國，這裡不僅有很多教堂林林立立，而且與眾不同的是，這裡的教堂不是建於地面上，而是建於岩石中。這些在岩石中建成的教堂，個個都是精雕細琢，不僅外觀造型驚人，內部裝修也十分別緻。據說，12世紀衣索比亞扎格王朝的國王拉利貝拉，是個虔誠的基督徒，為了表達內心的虔誠，他下令讓工匠直接在岩石上鑿築了這11座岩石教堂。

拉利貝拉教堂的修建相當困難，首先要在山坡的巨型岩石四周鑿出很深的溝，這樣，就可以將其和山體完全脫離，然後再從上至下，將岩石內的石塊一點點地鑿下，於是，一個有圓頂、窗戶、走廊、門廳的岩石教堂初步建成。在建造過程中，教堂內部除支撐頂部的石柱和拱門之外，其他都是全部被掏空的。

經過20多年的修建，動用2萬人工，拉利貝拉教堂才完工，而這11座教堂，都被統稱為拉利貝拉教堂。最難以置信的是：11座教堂竟然都是用一整塊岩石雕鑿而成，不管布局、比例，還是風格，既有相同之處，又各自別具特色。每座教堂內都有古老的阿克蘇姆式石碑尖頂，鑿空雕成的內部結構和裝飾，如石柱形雕鑿走廊、鏤空透雕的門窗及塑像、浮雕和祭壇。而各教堂之間，又有地下通道和岩洞相連。因而，只要你進入其中一座教堂，無須再走出大門，就可以進入另外一座。

站在高處，可以將拉利貝拉教堂盡收眼底，這些教堂大氣恢宏，古樸凝重，構成了氣勢宏大、完整的教堂建築群。自從教堂建成後，拉利貝拉就成為衣索比亞人心中的聖地。至今，每年1月7日衣索比亞的聖誕節，信徒們都會從四面八方蜂擁而至，在這裡舉行盛大的慶祝活動。那時，這裡就一掃往日的沉寂，變得異常熱鬧。而為了保護舉世無雙的拉利貝拉教堂，1978年聯合國教科文組織早已將拉利貝拉獨石教堂作為文化遺產，列入《世界遺產名錄》。

在拉利貝拉的教堂中，最引人注目的，就是那座長33公尺、寬23公尺、高11公尺的耶穌基督教堂。未到耶穌基督教堂，就能遠遠地看到它那精雕細刻的飛簷，耶穌基督教堂由

✤聖邁克爾教堂的壁畫。

✤拉利貝拉教堂的建築風格古樸凝重，從門廊、立柱這些細節上都可見一斑。

34根方柱支撐，其中的3根，相對地直立於3個角落，分別代表著神聖的三位一體。這是衣索比亞唯一一個有5個中殿的教堂。同時，按基督教慣例，教堂東、北、南各有一間中殿，長方形廊柱大廳呈東西向，隔成8間，28根支撐半圓形拱頂的支柱成行排列於其間。

耶穌基督教堂的內部，由一個桶形穹窿中央廣場和4個走廊組成。在一個不顯眼的角落，有3個空的墓穴，有一個重達7公斤的拉利貝拉黃金十字架。1997年，這個十字架曾被一個衣索比亞古董商偷走，幸而又被追回，物歸原位。

與耶穌基督教堂相比，聖瑪麗亞教堂要小一些，但卻是最受基督教徒尊崇的教堂。傳說，拉利貝拉國王也最喜歡這個教堂，他每天都會到這個教堂走走。聖瑪麗亞教堂高9公尺，其豐富多彩的內部裝飾給教堂增添了華麗的色彩。牆上的窗戶為阿克蘇姆風格，裡面有3個中殿。步入殿中，只見

代表幾何圖案（萬字飾、星形和圓花飾）和動物（鴿子、鳳凰、孔雀、瘤牛、大象和駱駝）的裝飾性繪畫及按福音書描繪耶穌和瑪麗亞生活場景的壁畫比比皆是，這些裝飾性繪畫與壁畫，是當時建築水平的反映。可惜的是，現在大多已損壞。

在聖瑪麗亞教堂內的中央，有一根用布包裹著的石柱。遊人到這裡都會覺得很驚奇，為什麼會把石柱用布包裹起來呢？據說，耶穌曾觸摸過這根柱子，而且把人類的過去和未來都刻寫在這根柱子上，所謂天機不可洩露，自此以後，這根柱子就被布遮住，再也不見天日。

聖邁克爾教堂是埋葬拉利貝拉國王的地方，十字形支柱把整個教堂一分為三，殿內最引人注目的，是那未曾支起來的十字架。

聖喬治教堂座落在一個近乎方形的豎井狀通道的底部，離其他教堂較遠。站在高處俯視，它就像一個放在地上的大十字架，景觀非常奇特。與其他教堂相比，聖喬治教堂內部的設計要簡潔許多，行走其中，既不會看到壁畫，也看不到雕塑。但在四角的壁柱上雕刻出來的半圓拱，和在那高高的天花板上與半圓拱相交的十字架，則顯示出設計者的匠心獨運。

在拉利貝拉，每一座教堂似乎都是上帝賜給人們最好的禮物。因此，無論是聖職者、還是朝聖者離開這個地方時，總有些不捨。但那些悠閒從容的當地居民，卻依然可以與每一座教堂，一起朝朝暮暮。其實，他們才是拉利貝拉的性靈所在，多少年來，他們既堅守著神聖的教堂，又堅守著這裡的寧靜歲月。

也許，正是因為有了他們，這裡的教堂才在寧靜中，有了流光的韻致、有了恬適高遠的意境。

✤耶穌基督教堂內的天頂壁畫。

搜索地標：衣索比亞

Aksum

阿克蘇姆 *古代文明的搖籃*

阿克蘇姆是衣索比亞的歷史名城，過去這裡是阿克蘇姆王國的都城，是印度和埃及的貿易中心。現在，雖然沒有了以前的繁盛，但卻成為咖啡、穀物、畜產品和蜂蜜的集散地，以產精緻編織品、皮革和金屬製品等引人注目。

✤阿克蘇姆的方尖碑約建於西元306年，即阿卜拉哈·阿巴巴國王時代，均由整塊岩石雕鑿而成。

位於衣索比亞北部的阿克蘇姆古城，建於西元前1000年左右，曾是阿克蘇姆國的都城。3世紀初，阿克蘇姆城和阿克蘇姆王國曾經名噪一時。而當時的希臘詩人摩尼曾稱這

個衣索比亞古王國為「世界第三大王國」，而後人稱之為衣
索比亞的「基石」和「城市之母」。

輝煌的歷史給這裡留下了燦爛的文化遺產——規模宏大
的阿克蘇姆古王國都城遺址。阿克蘇姆國都城遺址是一個由
石塔、石柱和石碑組成的王國，置身於其中，你總是會邂逅
眾多的寺院、雕刻和石碑。但最為引人注目的，是那些高高
聳立的石塔、石柱。當時的人們為什麼要建造這些石塔呢？
據說，是為了紀念阿克蘇姆的那些國王。

由於這些石塔的頂端呈方尖形，所以人們稱之為方尖
塔。阿克蘇姆的方尖塔堪稱一絕，這些石塔形狀各異，其中
一座石塔高33公尺，塔基長2.6公尺、寬1.2公尺，由於被雕刻
成具有橫梁、地板、和門窗的10層樓形狀，遠遠看上去，就
如一座直入雲霄的「摩天大廈」；而位於阿克蘇姆風口處的
石塔，則被當地人稱為「清風吹來的地方」。

✸1979年，阿克蘇姆古城被列
入《世界遺產名錄》，為衣索
比亞的文明史又添上了令人稱
頌的一筆。

除了石塔，這裡最具特色的就是方尖碑了。這些方尖碑
在花崗岩山石上直接開鑿雕刻而成，一般高3～4公尺，最高
的達33公尺。像這樣的方尖碑，原來在阿克蘇姆有7座，但由
於風雨的侵蝕，現在只剩下2座。其中最古老的那座方尖碑已
有1700年歷史，它由花崗岩構成，高33公尺，石碑的正面精
雕細刻出9層建築，門、窗、梁等一應俱全。現在，它已成為
衣索比亞文明的象徵。

而另一座方尖碑高24公尺，碑身雕刻著一面類似盾牌的
圖案。1937年，墨索里尼將這塊方尖碑運到了羅馬城，並把
它豎立在羅馬城內，作為義大利戰勝衣索比亞的象徵。現
在，這座方尖碑已回到阿克蘇姆，重返衣索比亞人的懷抱。

✸阿克蘇姆聖瑪麗教堂的壁畫。

除了寺院、雕刻和石
碑，阿克蘇姆還有國王卡列
卜的陵墓。與石塔、石柱的
建造相同的是：陵墓墓室的
頂部和牆壁也都是用整塊的
花崗岩石雕砌而成的。而墓
壁上刻著衣索比亞最為古老
的吉斯文，地下的各種雕
刻、古陶器、陵墓、貨幣，
以及石刻等大量的文物古
蹟，不僅再現了那個古老王
國的輝煌，也為阿克蘇姆增
添了幾許神祕的色彩。

搜索地標：辛巴威

Great Zimbabwe

辛巴威大衛城遺址

·與石共枕的「非洲天堂」

提到辛巴威，很多人會想到它景色秀麗的丘陵、眾多的野生動物以及舉世聞名的維多利亞大瀑布。其實讓辛巴威人最引以為榮的，是它規模龐大的「石頭城」。作為非洲著名古代文化遺址的「石頭城」，它不僅見證了辛巴威以及非洲輝煌燦爛、源遠流長的歷史文化，也為辛巴威披上了一層神祕而亮麗的面紗。

辛巴威向以優美奇特的自然風光、源遠流長的歷史文化吸引著全世界的人，其中最引人入勝的，是位於辛巴威首都哈拉雷以南200多公里處的石頭城遺址。在遺址中，不僅巨大的石頭隨處可見，而且這些巨大的石頭都經過奇妙組合、精心雕刻，形成一個讓人歎為觀止的石頭城——大衛城。

據專家考證，大衛城是歷史上一個已經湮沒的帝國留存下來的遺跡。由於處於貿易中心，石頭城一度繁華似錦，但在16世紀初，人們終棄城而去。著名的探險家西奧多·貝特認為：大衛城是最神祕、最複雜的建築結構，其彎彎曲曲的走道和過於複雜的防禦工事是大衛城最顯著的特徵。事實上，大衛城也確實如此巧奪天工。

大衛城建造在山上，入口是僅容一人通過的石門。因而無論何人，要想進入大衛城，需先沿著陡峭不平的古老石道，順著一條由兩塊巨石相間而成的窄道蜿蜒前行。過了高牆下那僅容一人通過的石門，就可進入山頂的大衛城了。站在大衛城內，撫摸著如堡壘一般的城牆，無論是誰都會思緒萬千。更令人稱絕的是：石頭城的圍牆石塊間，未用任何黏結物，卻砌縫嚴密，現在雖歷經數個世紀的風雨侵蝕，仍挺拔牢固。

如果走北牆，牆下面有一個小石門，自此拾級而上，可達高一百多公尺之上的瞭望台。自瞭望台俯瞰整個石頭城，可將石頭城的風光一覽無遺。而東牆腳下，是隸屬於山頂圍城的建築群，其中最奇特的是一個石洞，在石洞中，你可以放聲高喊，盡情歡呼，無論你喊什麼、叫什麼，在遠處建築群裡的人都能聽到你的聲音。之所以如此，是因為這個石洞的建築運用了聲學原理，因而具有擴音作用。

大衛城的東南方，是由42個小圍城組成的山谷圍城。遺址中最珍貴的文物——辛巴威鳥——就是在此發現的。由於雕刻技術十分高超，遠遠看上去，這隻鳥脖子高仰，雄踞在1公尺高的石柱頂端，似乎要從石柱頂端直衝而下。

對於辛巴威石頭城，遠道而來的遊客僅是驚嘆而已，但對於辛巴威人來說，石頭城是他們國家和民族的驕傲。因而，不論是辛巴威的國名、國旗、國徽，還是硬幣上，都有石頭城赫然而立。

如果說長城是中國的象徵，那麼，石頭城就是辛巴威的代表詞，無論歷史如何變遷，無論世事如何滄海桑田，石頭城都讓辛巴威魅力四射，異彩紛呈。

❋大衛城的西牆頭上矗立著4個圓錐體實心角塔，但它們到底作何用途，考古學家們仍然看法不一。

❋辛巴威鳥是一種40公分高的石鳥，鴿頭鷹身，用非洲特有的石料雕刻而成。

搜索地標：非洲北部地區

The Berbers

柏柏人

北非的主人

提起柏柏人，很多人都想到茫茫草原上的游牧民族，事實上，現在的柏柏人遠非你想像的那樣，現在只有少數人還在過著放牧生活。柏柏男人放牧或種植作物時，女人則在家製陶、編織各種各樣的工藝品，因此，如果你喜歡傳統的工藝品、樂器，柏柏人一定會讓你滿意而歸。

✽柏柏人主要分布在摩洛哥、阿爾及利亞、利比亞、馬利等國家，向有「北非的原始居民」之稱。

屬歐羅巴人種地中海類型的柏柏人，是非洲較古老的民族，柏柏人的祖先一支來自歐洲，一支來自撒哈拉。

柏柏人是一個匯集了多元文化的民族。西元7世紀，阿拉

伯人進入北非後，柏柏人開始信伊斯蘭教。但在接受伊斯蘭教的過程中，許多柏柏人卻將本民族的許多古代宗教文化保留下來，比如：對岩石、高地、樹木等物進行祭祀。

雖然多數柏柏人保持父系大家族制，在家族中的產品分配、婚姻、對外交涉等一切重大問題上，族長擁有絕對的權威。但一夫一妻制的婚姻制度，確立了柏柏婦女較高的社會地位。柏柏婦女出門不戴面紗，而且也可以化妝。雖然不知道柏柏婦女喜歡什麼化妝品，但她們盛放化妝工具的化妝盒，卻十分小巧別緻。特別是一種盛放化妝工具的小圓筒。初看，小圓筒一點都不起眼，像一個普通的擺設，但當你擰開小圓筒，就會發現裡面不僅有牙籤般細小的小木棍，而且還裝有眼線液。

受多元文化的影響，柏柏人的建築也是獨具特色。柏柏人的民居多建築於河谷之上。從遠處看，用竹子為支架，加上泥土、乾草所建成的房子形若堡壘，而其中城牆與城門則用來防衛。雖然房子有些簡陋，但在炎熱的天氣中，置身於房中，會感覺特別涼爽。

柏柏人建築中最具代表性的，是它的清真寺建築。在風格上，柏柏人的清真寺與阿拉伯人的迥然不同，特別是它的尖塔，不是圓形的，而是四角形、或六角形的。這些四角形或六角形的清真寺尖塔，如舊電影中的場景，讓人產生不知身在何處的感覺。

柏柏人不僅愛美，還喜歡唱歌跳舞，並且有自己的音樂。雖然柏柏音樂曲調變化不多，甚至有些單調，但他們的音樂一如他們的歷史，是那樣雄渾厚重。當柏柏音樂響起，當你沉浸於古老而悠揚的柏柏音樂中時，就彷彿穿越了時空，回到一個原始而質樸的年代。

❊柏柏人的建築極富異域特色。《星際大戰》系列影片中，主人翁的故鄉——那個布滿沙漠的星球塔圖因——就是取景於此地。

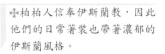

❊柏柏人信奉伊斯蘭教，因此他們的日常著裝也帶著濃郁的伊斯蘭風格。

搜索地標：撒哈拉沙漠地區

The Tuareg

圖瓦雷克人

戴面紗的「大刀騎士」

有「沙漠之王」之稱的圖瓦雷克人，可以說是與眾不同，他們不僅經常佩帶雙刃劍、帶鞘匕首、鐵標槍、皮盾牌等，更讓人感到不可思議的，是男人竟然蒙面紗。他們這種奇異的裝束，不僅讓自己顯得與眾不同，也為遼闊的撒哈拉增添了一道奇異的風景。

如果你有機會到撒哈拉和薩赫勒地區遊歷，多半有機會與一些戴面紗的男人擦肩而過。這就是有名的圖瓦雷克人。這個撒哈拉地區的游牧民族最有意思的是：他們的女性的地位要比男性高，而男人要打獵放牧，養家活口。

圖瓦雷克人的祖先是北非的柏柏人。當阿拉伯人征服北非後，信奉伊斯蘭教的柏柏人時常與阿拉伯人發生衝突。在衝突中，無家可歸的柏柏人有一部分流浪於撒哈拉沙漠，並逐漸形成了新的群體——圖瓦雷克人。

但是圖瓦雷克人卻認為自己的祖先，不是柏柏人，而是源自一個名叫希娜納的女王。據說，有一天，女王在女僕塔卡瑪特的陪伴下，前往撒哈拉沙漠裡的某個地方。抵達目的地後，女王不想回去，就與當地人結婚。之後，女王生下了一個女兒。後來，她的女僕也與當地人結婚，並生下了兩個女兒。正是這3個女孩繁衍了第一代圖瓦雷克人。

由於圖瓦雷克人生活在環境特別艱苦的沙漠中，因此養成了剽悍的性格，所以素有「沙漠之王」之稱；又由於他們的奇特裝束，所以又被稱為「戴面紗的大刀騎士」。

在圖瓦雷克人中，做女人或妻子是很幸福的一件事。沒事的時候，在家讀讀書，寫點東西。儘管生活不是太富有，日子卻過得很愜意。

※「沙漠之王」圖瓦雷克人以勇猛剽悍而著稱。大眾汽車最著名的越野款式就是以圖瓦雷克人命名的，「途銳」正是它的音譯。

搜索地標：非洲東部地區

The Tutsi

圖西人

· 能歌善舞的巨人

無論在過去，還是在現在，平均身高1.83公尺的圖西人，都應該是世界上身高最高的民族之一。

起源於衣索比亞高原的圖西人，現在主要定居在維多利亞湖四周地帶。最讓人驚嘆不已的，是圖西人的身高平均高達1.83公尺，是世界上平均身高最高的民族之一。

　　有人說，圖西人擅長歌舞，是天生的藝術家，這或許與他們修長的身材、活潑開朗的性格有關。每到結婚、舉喪、添丁、成年、迎賓、戰鬥、勞動、祀神、祭祖、節慶等重要的日子，他們都會舉行盛大的歌舞會，並且樂此不疲。圖西人總是身著十分艷麗的民族服裝，跳起傳統的舞蹈——鼓舞——來慶祝每一個快樂的日子，來表達悲歡、愛恨，以及各種各樣的情緒。

　　「鼓舞」是一種原生態歌舞表演形式，歌與舞步完全跟著激昂的鼓點走。當你看到圖西人不停扭動腰身，擂響手鼓，當你聽到圖西人嘴裡發出的那高亢而悠揚的聲音時，即使你看不明白他們的動作，聽不懂他們的歌聲，你也會充分領略粗獷奔放的非洲風情。

✵鼓舞有腰、腹、臀部的扭動搖擺等速度快、幅度大的肢體動作，如：屈伸、旋轉、騰躍等，但不管什麼動作都具有節奏強烈、感情熾熱的特點。

151

搜索地標：東部非洲的草原地帶

The Maasai
馬賽人

東非的「吉普賽人」

馬賽人是東非最著名的一個游牧民族，向有「東非的吉普賽人」之稱，在現代文明大潮的衝擊下，馬賽人的思想有所變化，有些部族從游牧轉向農耕，但他們的生活方式仍彿依舊停留在古老的時代，儘管這些生活方式與現代文明無關，但是他們卻活得快樂而精彩。

駕駛著吉普車在一望無際的東非草原上奔馳，是很愜意的一件事，車子的上方，是湛藍的天空，而湛藍的天空下，那披著鮮紅色的斗篷、不斷向你招手的則是馬賽人。

馬賽人是東非現在依然活躍的，也是最著名的一個游牧民族。現在的馬賽人，人口已近100萬，主要生活於肯亞的南部及坦尚尼亞的北部。色彩絢麗的服飾，大大的耳洞，讓他們顯得與眾不同。

不管你是否造訪過非洲，你多半聽說過馬賽人身材高大的說法，那絕對是名副其實的。馬賽男子身高大多在1.80公尺

❋馬賽人居所無定所，以游牧業為生，因而有人稱他們是「東非的吉普賽人」。

以上。最吸引人的要屬馬賽人的審美觀——男人留辮子，女人剃光頭。馬賽男子一頭細小的辮子與他們剽悍的身材、氣質相映成趣；而女子皮膚黝黑細膩、明眸皓齒，脖子上掛著一圈圈各種顏色的串珠，手臂和腿上纏著密集的銅絲圈，雖然剃光了頭，也絕對稱得上美女。

　　馬賽人喜歡色彩絢麗的服飾，因而，顏色鮮紅的長袍向來是馬賽人的最愛。其中的女式長袍叫「肯加」。所謂「肯加」就是把一塊布簡單地一折一塞，然後，再結結實實地勒在身上。對於現代人來說，這種打扮過於簡單，但對於馬賽人來說，越簡單的東西，越是美麗。至於他們為什麼對紅色情有所鍾，則是源於火焰般的紅色就是力量的象徵、穿紅可以驅獸防身的說法。雖然馬賽人喜歡艷麗的服飾，但由於居住的地區不同，他們的服飾還是有所區別。一般來說，肯亞的馬賽人喜歡身披紅色的馬賽布，裡面是鮮艷的收腰短衫，男性露出修長的大腿。而坦尚尼亞的馬賽人，則喜歡身披棕色的馬賽布，裡面是單調的收腰長衫，男性不露出大腿。

❀華美的珠串是馬賽人最別緻的飾品，佩戴位置非常講究。比如：未婚少女只能把珠飾戴在耳朵上方；等到成婚後，珠飾才可以戴到耳垂上。

　　儘管馬賽人以游牧為生，但特別愛美。對於馬賽人來說，不管男孩、女孩，到了七、八歲時，就要把耳垂切出一個洞來，因為他們認為耳垂的洞越大，就越美麗動人。為了讓這個洞越長越大，他們會把細木棍或樹葉柄塞入洞中。每當看到馬賽人的耳垂，就難免會提心吊膽，擔心他們的耳垂

會掉下來。不過馬賽人的耳垂雖然不會掉下來，卻會使他們行動不便，比如：趕著牛群在樹林裡行走時，樹枝經常會將耳洞鉤住，所以馬賽男子不得不像女人挽頭髮一樣，要經常把耳朵挽起來。

馬賽人不僅在裝束方面別具一格，而且性格勇猛頑強，個個驍勇善戰，能將很重的鐵矛握在手中，揮舞自如，在20公尺的距離內準確地擊中奔跑著的野獸。為了成為真正的英雄好漢，在年輕時，馬賽男孩都要進行特別的訓練，如：每個成年男子在娶妻之前，都要單槍匹馬，手持又長又重的鐵矛獵殺獅子，來證明自己的膽量和勇氣。此外，也有一些馬賽男孩，要在成年前到離家很遠的地方獨自生活幾年，在這幾年中，他要學會如何與自然和猛獸爭鬥，學到真正的生活本能，才算成長為一個真正的勇士。

如果你看到馬賽人把牛的鮮血和鮮奶混在一起喝，你不必大驚小怪。因為馬賽人是一個食肉民族，從不吃土地上生長的任何食物，如：糧食、蔬菜等。無論是吃、還是住，他們都離不開牛羊。

在馬賽家庭中，女人沒有多少權力，一般來說，女孩是父母的「套牛繩」、「拴牛樁」，其身價是用牛的頭數來計算的。馬賽家庭中的妻子，是馬賽男人用牛換來的，一般4頭牛就可以換一個，男人擁有的牛越多，能娶的老婆也就越多。由於可以用牛換妻，所以，馬賽人依然盛行一夫多妻制。儘管一個馬賽男人有很多妻子，但馬賽人還是十分尊重傳統的倫理道德，在馬賽人居住的地區，既沒有搶劫、兇殺事件發生，也沒有誰會逼婚、離婚、休妻。而且最讓人難以相信的是：在馬賽人看來，說謊是一種犯罪的行為，要受到公眾輿論的譴責。正是因為有良好的道德法則，馬賽人才會成為最有誠信的一個民族。

對於現代人來說，無論是將牛的鮮血和鮮奶混在一起喝，用牛換妻，還是一夫多妻的婚姻制，都是很原始的一種生活方式。但在這種原始的生活方式中，馬賽人卻活得很快樂。快樂時，他們就喜歡跳舞。

雖然你永遠不會懂得跳舞的馬賽人在叫喊什麼，也聽不懂他們所唱的歌曲，但當你跟著他們翩翩起舞，不斷地舞動你的腳步時，不斷地揮手轉圈時，你就會離煩憂很遠，離快樂很近。

搜索地標：非洲南部地區

The Zulu

祖魯人 天堂中的使者

祖魯人是南非最大的黑人民族，也曾是一個不斷流浪的黑人民族，其深厚的文化底蘊、原始的生活習慣、悠久的民風民俗和獨特的建築特色，不僅讓自己與眾不同，也吸引著更多的人來這裡探險與遊玩。

✿祖魯人是南非最大的黑人民族，屬典型的尼格羅人種班圖類型。

✿與多數種族不同的是，祖魯人有重女輕男的傳統，如果女人產下男孩，在家中的地位反而會降低。

提起祖魯人，總是情不自禁地想起吉普賽人。儘管現在的祖魯人早已不再過著流浪的生活。

祖魯人，又叫阿馬祖魯人，主要分布在南非納塔爾省、賴索托東部和史瓦濟蘭東南部，無論在語言、還是文化上，都與史瓦濟人、科薩人有著很深的淵源。

祖魯人最具特色的，是他們的建築「克拉爾」，「克拉爾」是一組茅屋，中心是圓形的牲畜柵欄，周圍建造若干茅屋，茅屋以外是圓形的外圍柵欄。「克拉爾」的格局，是為了適應祖魯人的一夫多妻制。在婚姻生活方面，祖魯人實行一夫多妻制，而且有轉房婚的風俗，即家裡的男人死了，妻子要嫁給男人的弟弟。

對祖魯男人來說，保衛家園、養家活口、管理氏族和家庭，是義不容辭的職責。而當男人們去放牧牲畜和打獵時，女人則要耕種田地、縫衣做飯、教育子女。男女間這種完美的配合，讓人想起中國最經典的民歌中「你耕田來我織布，我挑水來你澆園」的那種夢境般的田園牧歌生活。

近年來，由於一些祖魯人失去了牧場和水源，不得不出外謀生，雖然遠離了世外桃源般的生活。但無論走到哪裡，祖魯人都會對自己的那個天堂念念不忘，都會對那片神奇的土地魂牽夢縈。

搜索地標：南部非洲沙漠地區

The Bushman

布希曼人

・與神同在

如果你喜歡聽一些傳奇或者故事，布希曼人可以滿足你的願望。這些居住在灌木叢中的人，身材矮小而乾瘦，雖然沙漠中的生活，是令人難以想像的清苦，但樂觀的布希曼人卻世世代代在那裡生活著，並且能畫出世界上最美麗的岩畫，能講述最動人的故事。

布希曼人，也叫叢林人，是喀拉哈里大沙漠中古老的居民。如果你看過《上帝也瘋狂》，對這個可愛的民族一定不陌生。因為影片中那些靠打獵來維持生活的人，就是布希曼人。

喀拉哈里沙漠，每年有9個月的時間是乾旱無雨的，許多動物都因為無法適應這裡的環境而紛紛離開。但布希曼人卻世世代代在那裡生活了幾十個世紀。正是因為適應沙漠乾旱無雨的環境，讓他們在體型、膚色上都與其他非洲人有明顯的區別。他們比駱駝還耐乾旱，挖樹根、收集露珠就能止渴。儘管環境殘酷，布希曼人卻沒有矛盾和紛爭，因為在他們心目中，神每天都在默默地注視並保佑著他們。

不知神是否在保佑布希曼人，但置身於布希曼人中間，你可以遠離城市的喧囂，遠離橫流的物慾，能坐看雲舒雲卷，能感受到生活的溫馨與恬靜。

✳布希曼人身材矮小，成年人身高1.5公尺左右，皮膚為黃色或黃褐色。

✳多少世紀以來，布希曼人始終過著游牧生活，以頑強的生存能力著稱於世。

搜索地標：非洲大陸最西南端

Cape of Good Hope

好望角 絢麗斑斕的天涯海角

好望角雖然位於非洲大陸的最西南端，但這裡並不只是一片荒涼的海角。對於詩人來說，好望角是一個充滿詩情畫意的地方；對於探險家來說，好望角是一片心馳神往之地；對於動物來說，這裡還是可以自由生活的天堂。

※好望角不遠處，是一片寬闊無垠的海灘。那一道道湧向海岸的海浪，如千軍萬馬般奔湧著；當海浪撞擊在岩崖上時，會發出天崩地裂般的巨響。

提起南非的天涯海角，許多人會不約而同地想到好望角。這條細長的岩石岬角位於南非的西南端，北距開普敦48公里，西瀕大西洋，北連開普半島，長約4.8公里。由於地處大西洋和印度洋交匯處，它的地理位置和戰略位置十分重要。在蘇伊士運河未開通之前，這裡是歐洲通往亞洲的海上必經之地，是溝通歐亞大陸的唯一海上通道。

如果你到南非度假旅遊，千萬不要錯過好望角。自從1497年航海家路經好望角這個名不見經傳的地方，它就開始揚名世界。好望角也確實名不虛傳，它的景觀十分奇特。由於好望角是大西洋與印度洋冷暖流水的分界，印度洋的海水是溫暖的，大西洋的海水是冰冷的，因而，這裡的海水中會出現兩洋的分界。站在傲然壁立的達卡馬峰，好望角危崖峭壁、捲浪飛濺的奇妙景象便一覽無遺。

顧名思義，「好望角」當然是「美好希望的海角」，但最初卻被稱做「風暴角」。在這裡，終年西風勁吹，多暴風雨。即使站在岸邊，你也會被風吹得睜不開眼。這常年不斷的西風，讓這裡的海浪洶湧，就形成了著名的「西風漂流」。

而這個「西風漂流」之地之所以名聞天下，是與探險家的探險有關的。1497年11月，葡萄牙探險家達‧伽馬率領遠航隊成功地繞過此角，駛入印度洋，次年5月到達印度西南海岸，然後滿載黃金、絲綢回到葡萄牙。之後，葡萄牙國王約翰二世將「風暴角」改為「好望角」，就是說只要繞過此角，一切會變得十分美好。

歷史傳說也好，是事實也罷，現實中好望角確實讓人感覺到異樣的激情。如果在天氣不好的日子乘船而行，迎面而來的會是強大的西風，仰視天空，只見天空中烏雲密布，一個一個渦旋狀的雲團讓人感覺到山雨就要來臨。此時，在海面上，奔騰咆哮的巨浪不時碰撞船舷，發出的陣陣吼聲，讓每一個乘客難免膽戰心驚。

如果遇上更惡劣的天氣在這裡航行，一定要小心「殺人浪」。要知道，好望角之所以險象環生，一是因為風暴，二

✤作為非洲大陸的南端，無論是風景，還是歷史，好望角都有著一種「天涯海角」的傳奇風采。

✤矗立在好望角岸邊的迪亞士航海紀念碑。

✳站在好望角山頂，那一片蔚藍海水有如童話，清澈得如同一面鏡子。而近處，是陡峭的懸崖，望著懸崖上的岩石，低矮的灌木、荊棘，望著那滄海橫流的海水，波濤洶湧的海浪，無盡的蒼涼總是油然而升。

就是因為這裡經常出現「殺人浪」。所謂「殺人浪」，就是前部猶如懸崖峭壁，後部則像緩緩山坡的海浪。這種海浪在冬季頻繁出現，一般有15～20公尺高。如果這種海浪與極地風引起的旋轉浪相互疊加，會掀起滔天巨浪，特別是當巨浪與很強的沿岸氣流相遇時，整個海面如同開鍋似的，巨大的海浪在此沸騰、翻滾，真的是驚心動魄。因此，這裡成為世界上最危險的航海地段，許多船隻到這裡都會小心翼翼。

有海的地方，一定有燈塔。而好望角最具特色的景觀，就是燈塔山那座高聳的燈塔。據說，由於原來的燈塔是建在海拔248公尺的地方，海上船隻經常因大霧而看不到，所以將其改成了展望台。後來1919年，當地政府在開普角海拔87公尺的地方修建了非洲海岸最明亮的燈塔。現在看到的白色燈塔，就是重建後的燈塔。與其說這個燈塔是這條航線的航標，不如說它是往來船隻的守護神。

如果想觀賞燈塔山，需乘坐登山纜車上山，至半山腰，再拾級而上，就能到達山頂。在山頂上，首先撲入你眼簾的，是那高大的白色燈塔，其次是那高3公尺多的柱子。走近柱子，可以發現柱子上幾塊錯落有致的標牌，上面標注著與其他地方的距離。

❉好望角地區生活的非洲企鵝，又名黑腳企鵝，是非洲西南部特有的品種。

天氣好的時候，可以站在燈塔山上看夕陽，看通紅的太陽一點一點下降，當在雲層中射出它最後的光芒時，大半個天空會變得紅通通。而這時的好望角，一派水影波光，雲水相映，絢麗斑斕的海上自然風光，這最富於詩意的景象，會讓人情不自禁地想起俄國詩聖普希金的《致大海》中的詩句：「你的形象充滿了我的心坎，我將帶走你的岩石，你的港灣，你的聲浪，你的水影波光……」

站在山頂，回首向右望去，可見遠處那一個如同巨大鱷魚爪般的海角，那就是好望角。如果沿著海邊行走，會很快到達好望角，在那裡有一塊立於懸崖腳下的標示牌，上面用英文和非洲文字分別寫著「好望角」，以及它的經緯座標（南緯34° 21' 26"，東經18° 28' 26"）。

在這裡生活著南非羚羊、鹿、斑馬、貓鼬、鴕鳥、狒狒等動物。天氣好的時候，會有許多小動物出現在你的面前，其中，最大膽的就是狒狒，牠對人類簡直是視若無睹，不僅不害怕，而且會目中無人地靠近停車的地方，向人討要東西吃。看著這些可愛的動物，傾聽著巨大的濤聲，看著天水相接處的水影波光，即使你不是一個詩人，也會將好望角那絢麗斑斕的自然風光，譜就一首首美麗的詩行。

搜索地標：南非

*T*able Mountain

桌山

開普敦的地標

海角之城開普敦是一座世界名城，而桌山彷彿與生俱來就是和開普敦這個城市連在一起的，因為在開普敦，無論從任何方向放眼望去，都能看到亂雲飛渡，形似條桌的桌山，因此，桌山理所當然成為了開普敦這個城市的地標。

❀桌山的山頂平台長1500公尺，寬200多公尺，猶如餐桌一般平整，有人戲稱它為「上帝的餐桌」，因為只有上帝，才能享用如此巨大的餐桌。

桌山位於開普敦城區西部，它是由獅頭峰、信號山、魔鬼峰和桌山組成的一道山脈，其中以桌山最為獨特。桌山的海拔無法與世界高山相比，僅為1067公尺，但是位於大西洋邊就凸顯了它的高大。我們應該感謝那個直白地稱其為桌山的前人，桌山的一切都被它的名字概括了。在十七、十八世紀，它是過往船隻的燈塔，這些船隻甚至有個不成文的規定，如果哪個水手先遙望到它，誰就會被賞賜十個銀幣和一瓶美酒。

桌山一側為大西洋，一側為印度洋，兩洋交匯之處肯定會有故事，這就是桌山的雲。冷峻的大西洋、溫暖的印度洋，一冷一熱相互碰撞，產生了巨大的水氣，飄升的水氣遇到桌山頂上的冷空氣凝結成雲

霧，將桌山籠罩其中。在桌山，我們能清晰地感受到雲霧的急速流動，大西洋和印度洋日復一日的永恆的冷暖攪動，使桌山的雲像瀑布一樣在山上狂瀉千里。雲海蒼茫，山上的景色虛無縹緲，一片混沌。霧靄中一絲陽光穿過，桌山的落日四散著金色的光芒，給雲海鑲上了一圈金邊。無雲可觀海，有雲景自來，桌山無時無刻都給我們呈現著最美的一面。

✳桌山的山體是花崗岩，堅硬無比，令人驚嘆的是山頂部分，懸崖峭壁，巍峨壯觀。

說起桌山的雲，還有個傳說：曾經有海盜，名為范漢克斯，他與一個魔鬼相遇在桌山附近。魔鬼告訴范漢克斯，現在山上只剩下最後一個為贖罪的魔鬼準備的洞穴，那裡溫暖如春。狡猾的范漢克斯就動了心思，正好魔鬼們都吸著煙斗，范漢克斯就提出進行吸菸比賽，獲勝者可贏得溫暖的洞穴。於是他們都深吸一口氣投入比賽，開始吞雲吐霧，沒想到勢均力敵，直到今天還沒有決出勝負，因此桌山上總是雲霧繚繞。

桌山上的植物有著頑強的生命力，雖然多是矮小的灌木叢，也是種類繁多，多達1400多種。有一種植物名為「太陽花」，是桌山所特有的。此花並不鮮艷，只是黃色的小花而已，但是它生長於岩石中，開得鬱鬱蔥蔥。

桌山的海拔並不出眾，但是獨特的地理位置讓它別有韻味。由於「桌面」平坦，視野極為開闊，猶如雲中漫步，腳下一望無際、煙波浩渺的大西洋和印度洋就像一對戀人在這天之崖、海之角處相戀、相擁，而桌山就是他們永恆的見證。你或許會感悟，眼界有多遠，心靈就可以到達多遠。

搜索地標：肯亞

Lake Turkana

圖爾卡納湖

人類的搖籃

從 高空俯視圖爾卡納湖，它如一顆巨大又美麗的水晶珠，在一片灰黃的茫茫大地上發出奪目的光芒。而湖區附近的史前人類遺址，歷來就是世界各地遊客以及地質、古生物和考古工作者們所神往的地方。

✽圖爾卡納人以自己一代又一代的個體生命建立了族群和湖水之間不可被破壞的友誼，或者，圖爾卡納湖以此命名是最合適不過的。

在 肯亞北部，有一片廣闊的沙漠，由於乾旱荒涼，這一地區幾乎不生長任何農作物，即使是荊棘和灌木叢，也是稀疏地散佈著，因而當地居民不得不以游牧或者半游牧業為生。但當你乘飛機飛越這片土地的上空，憑窗俯視時，你會眼前一亮，因為圖爾卡納湖如一顆巨大而又美麗的水晶珠，在茫茫荒野上閃動著波光麗影。

圖爾卡納湖是東非大裂谷東支眾多湖泊中的一個。令圖爾卡納湖蜚聲於世的卻並非它的面積或者風光，而是作為「人類搖籃」的榮耀。1972年，英裔考古學家理查德·利基在湖區的彼福勒地區發現了「能人」的頭骨，而把人類的歷史追溯到了百萬年前。

這片如今看來寂寂寥寥的水域，百萬年以前可不是這個樣子。那個時候，這片水草豐美的湖區活動著一些直立行走的史前人類。他們已經脫去了動物一樣濃密的體毛，學會了用靈巧的手製造帶尖刺的工具。由於他們的形態已經具備了「完全形成的人」的樣式，所以又被人類考古學家稱為「能人」。

在圖爾卡納湖的南、北、中，一線排著三座島嶼，都是火山島。中心島嶼的懷抱中又有小湖泊，形成山環水繞的婉約嵌套格局，風格與非洲山水整體粗獷荒蠻的氣息多少有些相悖。

在天光明亮的時候，從其中的一座島嶼越過波光粼粼的湖面向另一座眺望，眼界裡的一切簡直太詩意了。近處的水是蒼藍的，淺淺地倒映著腳下島嶼的一草一木。沿著一群鳥兒飛行的方向，水面變得遼闊而迷失，讓人驚恐地誤以為自

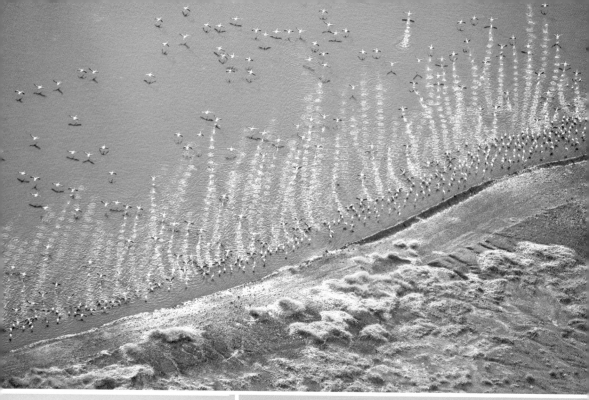

「水善利萬物而不爭」，倘若要為這般利萬物而不爭的水尋一個例證的話，圖爾卡納湖一定是最恰切不過的。無論是浩淼無邊的水面，還是古老人類祖先的傳奇，圖爾卡納都是當之無愧的東非眾水之魂。

圖爾卡納是一個鹹水湖。從衣索比亞高原上流下來的奧莫河是這片廣大的湖區唯一流量可觀的支流，湖水沒有出口。千萬年間，湖的水位時高時低，一些水湧進來的同時，一些水蒸發出去，鹽卻留下來餵養湖裡和湖邊的眾生。

己和己身所在的那個島嶼，正在作緩緩的航行，而圖爾卡納也不再是一個湖泊，變成了一片海。終於，視覺在行將溺斃的時候，抓住了一片在遠方縮小成一弧的陸地，那就是另一座島嶼。

季風帶的氣候給這片湖區帶來了令人聞風喪膽的壞脾氣，這裡的湖水最擅長無風起浪。在圖爾卡納湖上航行對於最好的舵手都是嚴酷的考驗，或許在這一刻還是風平浪靜、一片祥和，而須臾間便有捲地風來，在水面上掀起滔天的浪頭，直接潑灑在船舷上、甲板上。而天空也在一刻間變得昏暗，烏雲從四面急速地堆積起來，吞噬一點一點的光亮。風浪裡，無助的人們信心被一點一點瓦解。

圖爾卡納湖裡的物產是豐富的，鱸魚是人們在這裡所能吃到的最好的美味。當然，不要以為只有人類才可以消費這樣的美味，還有鱷魚也是這裡的饕客。鱷魚是這片水域陰險而強暴的霸主，以至於湖裡稍微欠缺抵禦能力的動物都會在牠們嘴下遭遇死亡的劫難，不過牠們吃的最多的還是魚類。鱷魚就是這樣統領著這片廣大的水域，同這裡的一切構成了一條穩定的生態鏈條，而這條生態鏈條就是圖爾卡納的秩序，不可以被超越，只可以被遵循。

任何一個強大的野生環境裡，我們總能看到一些掠食者的身影，在圖爾卡納湖也不例外。蝰蛇、眼鏡蛇、響尾蛇是來這裡的每一個戶外活動愛好者的夢魘，不過正因為有了這些忠實的守衛者，圖爾卡納才得以保存完好的濕地面貌，也正因為這樣，這片濕地才會在人們想要親近、又不能太親近的時候越發神祕。

在圖爾卡納湖旁，生活著一些習俗和舉止都還很原始的部族，圖爾卡納人就是其中人口規模和影響最大的部族。這是一個勇敢而樸素的民族，他們營居在這片湖水之上已經有千萬年的歷史了。

這就是圖爾卡納湖，一個被我們遺忘了很久的搖籃，一個我們曾經從那裡走出來的搖籃，標記著我們和我們祖先的血脈。

搜索地標：坦尚尼亞

Zanzibar

尚吉巴島
印度洋的寶石

蔚 藍的海水、田園詩般的海灘、濃郁的丁香花香、秀麗挺拔的椰子樹、巍峨聳立的珍奇宮……這不是夢，而是現實中的尚吉巴島。無論是自然風貌、還是人文景觀，尚吉巴，這座如璀璨的寶石一樣鑲在印度洋寧靜水面上的島嶼，都充滿了難以言喻的浪漫與風情。

✳透明的陽光，透明的海水，透明的心情……尚吉巴島不僅是世界上最美的島嶼之一，更是一個放鬆身心的好地方。

尚 吉巴，這個座落於印度洋的島嶼，是聯合國教科文組織批准的世界遺產之一。自坦尚尼亞首都沙蘭港到有「世界最香之地」和「香島」之稱的尚吉巴島，乘飛機只需要20分鐘。小飛機穿越坦尚尼亞大陸和尚吉巴島之間的印度洋，從機艙往下看時，能見到海水清澈得幾近透明，而大大小小的島嶼和島上秀麗挺拔的椰子樹則清晰可見。

　　如果你不喜歡飛機，還可以乘坐小火輪。站在小火輪上，近處是藍得像鏡子似的一望無際的海水；遠處點點移動

的白帆,則宛若片片羽毛在海面上飄浮著。偶爾,海風撲面而來,藍色的海風如愛人的手,輕輕地撫摸你的面部,在不經意間,你一路的疲憊就會被吹得煙消雲散。

尚吉巴島到了,這個世界上最美的島嶼,將帶給你無數的心動,但最讓你感慨萬千的是珍奇宮。白色的珍奇宮建在尚吉巴島上,是坦尚尼亞原蘇丹賽義德王宮,可以說是巧奪天工。珍奇宮宮殿為鐘樓式造型,巍峨聳立,是尚吉巴島的最高建築物。這個宏偉的建築物有40根粗大的圓柱,據說,每根圓柱下都活埋著60個黑奴。一部珍奇宮的歷史,可以說是一部黑奴的血淚史。即使那個時代早已一去不返,但站在粗大的圓柱前,不能不讓現代人警醒與反思。

珍奇宮不遠處,是尋常的大街小巷;而曲徑通幽處,則為尋常百姓人家。尚吉巴的城市建築完全是伊斯蘭的風格。其中最常見的民居,就是裝飾得富麗堂皇的阿拉伯式小樓,這些小樓一般都在三、四層左右。隨便走進一家,沿著吱吱作響的木樓梯上去,都會有一股海風從身後的窗口呼呼地吹來。而房間內的墨綠色帳簾、白紗帳、古董地板、黃銅吊

✤尚吉巴之所以富於傳奇色彩,不僅僅是因為它的位置,更是因為它是早期移民在這個小島上複製的風格,是伊斯蘭文明和非洲土著文明的一種奇妙融合。

✤尚吉巴島的新娘手上精美的彩繪

燈、傳統的木家具及門窗，則給人安謐而溫馨的感覺。站在窗子前，海水彷彿隨時會湧進來。而丁香花開的時候，芬芳四溢，連海風都可以沁人心脾。

小樓最具特色的部位，是它的大門。大門多為木質，做工十分精美。高大的木門上不僅有銅釘，還有阿拉伯風格的精雕細刻的華麗圖案。這些圖案精美的雕刻，不僅體現了當年奢靡的建築特色，也代表了那個時期十分高超的雕刻水平。而黃銅長釘之間的《古蘭經》中的經文，則更令人深思回味。

到了尚吉巴，喜歡釣魚的人可以好好過一把釣魚癮。要知道，尚吉巴島四面環海，得天獨厚的自然條件讓這一地區有種類繁多的海魚。在尚吉巴島，春、秋兩季是最好的垂釣季節。在這樣的季節，最好選擇在日出、黃昏時釣魚。當然了，無論在哪一個季節，在什麼時候釣魚，都要有耐心，要慢慢等待半小時，這是魚覓食咬鉤的最佳時間。

在尚吉巴島釣魚絕對是一件很美妙的事情。垂線之後，看看四周那些礁石群，你就會為眼前的景象感到驚異。因為礁石群造型奇特，形貌特別逼真，有的像猴子，有的像山羊，有的則似大象，有的形如野豬。不管它們像什麼，都是大自然的鬼斧神工，都是上天給尚吉巴的禮物。

不管是在漁家，還在酒店裡，如果上了魚肉麵這道佳餚，那麼，魚宴就進入高潮了。魚肉麵中的魚是精心挑選的，不僅刺少，而且味美。一般來說，魚肉麵要趁熱時吃，當集鮮、香、燙於一身的熱湯麵下肚後，你的周身會熱血噴湧，甚至會大汗淋漓。而遠處撲面而來

的海風，則會給你送來絲絲清爽，讓你心曠神怡。這種奇妙無比的感覺，也只有在尚吉巴島才能深深地體會到。

吃飽了，喝足了，可以欣賞一下尚吉巴的夜景了。月落烏啼霜滿天，江楓漁火「不」愁眠。尚吉巴島的夜色不像中國江南小鎮那樣燈火闌珊，婉約嫵媚，卻也有另一番醉人的自然景致。如果覺得寂寞了，可以投石入海中，看海中濺起閃亮的水花。如果想下水，最好約很多朋友，因為多人下水就如同海上煙火。近處海面上微波蕩漾，而遠處，則是此起彼伏的大海的濤聲，是從海裡慢慢升起的那輪明月。

海上升明月，天涯共此時。在這樣的夜色中，即使沒有美酒，也會夢醉尚吉巴了。

搜索地標：肯亞

*T*reetops Hotel

樹頂旅館

非洲「吊腳樓」

以「上樹是公主，下樹成女王」的傳奇而聞名世界的肯亞樹頂旅館，可以說是全世界最奇特的旅館。雖然旅館是一座高21公尺多的三層全木結構建築，卻因為可以觀賞野生動物，而別具非洲風情。

到了肯亞的大草原上，除了看看野生動物，體驗熱帶草原探險奇趣之外，你千萬別錯過的地方還有一處。在肯亞阿巴爾德拉野生動物自然保護區內，有家三星級旅館——「樹頂」旅館。如果你走到這家旅館前，就可發現它是建在「樹」上而得名的旅館，但是讓它聞名世界的，卻是英國伊麗莎白公主。據說1952年，英國伊麗莎白公主和丈夫訪問肯亞時曾在此下榻，當天夜裡英王喬治六世突然逝世，英國王室當即宣佈伊麗莎白公主繼位，而「樹頂」也因此在英國家喻戶曉。

後來一場大火燒毀了公主原來所下榻的「樹頂」，現在所看到的「樹頂」旅館，是1954年在原址對面重建的，它仍保有原來的古樸風格和野趣。但在規模上，由原先的幾棵大樹杈，變成了數十根大木柱。建築底層高高吊於空中，上面有3層，各層設有客房，兩頭有觀景走廊，頂層有寬闊的觀景平台。

站在寬闊的觀景平台放眼望去，可見滿目的青翠。而每到傍晚，就有成群的大象和野牛來到樓下洗澡，各種動物來到池邊喝水。此時，你可以一邊愜意地品茗、享用咖啡，一邊觀賞在池畔喝水覓食的動物。如果天氣好，還可眺望到露出雲端的非洲第二高峰，海拔5199公尺的肯亞山。

動物、吊腳樓、咖啡、山峰，這些詞原本無關，但這裡正是有了這些原本無關的詞，才在撲朔迷離的意象中，譜就了一首充滿詩情畫意的田園牧歌。

✳由於旅館座落在一片寬闊的天然草場中央，因而置身旅館就可以享受到都市中難有的寧靜安詳。

Castle of Gondar

跨越時空的古城‧**貢德爾城堡**

當你未到貢德爾城堡時，會想像這座淒涼堂皇是如何被敗破荒蕪。但真地來訪，行走於風格爾特的城堡宮殿中，卻發現這裡有古色古香的味道，會有時光倒流的感覺，會感覺自己回到了17世紀，會有一種錯覺，認為自己就是那個世紀的王子或公主。

貢德爾古建築遺址，位於衣索比亞西北部海拔2121公尺的山地上。因擁有獨具特色的古宮殿、教堂、公共浴堂、圖書館和商店等建築，於1980年被列入《世界遺產名錄》。

衣索比亞皇帝法西利達斯在這裡定都後，建造了法西爾‧格赫比城堡，即「法西利達斯宮殿」。富麗堂皇的法西利達斯宮殿，雖然出自於一名印度設計師之手，其風格卻集印度、葡萄牙以及摩爾風格於一身。城堡一樓是法西利達斯皇帝的禱告室，四周都有窗戶，不論從哪個窗戶，都能看到貢德爾重要的教堂——瑪麗亞姆‧蓋布教堂。從城堡出來，你可以去咖啡屋坐坐。走進咖啡屋，你會大吃一驚，因為咖啡屋的地上鋪著草蓆，四周擺放著衣索比亞手工藝品，極具非洲風情。坐在咖啡屋，一邊細品咖啡，一邊欣賞著用動物的皮毛製成的桌椅面，會感覺自己是身處在原始而質樸的大自然之中。

✳貢德爾城堡高32公尺，四周是低細圓齒狀的胸牆，四角上有4個巨大的半圓形球柱樹立。

搜索地標：塞內加爾

Island of Goree

格雷島 ·黑色的反思

同世界上其他旅遊勝地相比，格雷島沒有綺麗的風光美景、燦爛的藝術名勝，它之所以成為觀光勝地，是因為這裡保存的奴隸堡、炮台和一尊尊大炮。它們不僅記載了一段苦難的歷史，也曾是人類歷史上最黑暗、最野蠻的寫照。

位於塞內加爾首都達卡東南海岸3公里外的格雷島，長約900公尺，寬約300公尺，面積僅約0.27平方公里。從高空俯視熔岩流凝固而成的格雷島，它就像一顆黑珍珠，鑲嵌在藍色的海面上。

從15世紀起，這個小島就被西方殖民者用來販運、關押黑人奴隸，成為西非最大的奴隸轉運站。為了妥善地保護格雷島的歷史文物，1978年聯合國教科文組織將格雷島作為文化遺產，列入了《世界遺產名錄》。

在格雷島上，有一座堅固的木石結構建築物，這就是舉世聞名的奴隸堡。在奴隸堡內，拾級而上，就可到樓上。樓上的地面鋪著上好的木地板，陽光十分充足，這是當年奴隸販子居住的地方。而樓下，則是一間間陰暗潮濕的奴隸囚室，雖然每間囚室只有五、六平方公尺，但在當時卻要關押15～20名奴隸。為了防止奴隸們逃跑，奴隸販子在給奴隸上手銬、腳鐐的同時，還要給他們繫上一個7公斤重的大鐵球。奴隸堡的底層，有一條陰森森的通道，通道直通波濤洶湧的大西洋，而數千萬的黑人奴隸，就是由這條通道被押解上船，販賣到異國他鄉的。

走出奴隸堡，如走出了一段人類歷史上最黑暗、最野蠻的歷史，雖然這段歷史，難以被人忘記，但慶幸的是，奴隸制早已被廢除，無論是黑人，還是白人，都可以享受同一片陽光，呼吸同樣新鮮的空氣，享受生活最恬靜的詩意。

❖在島上沙土路面的街道兩旁，赭紅色的奴隸住房比肩而立，彷彿在訴說它沉重而豐厚的歷史。

搜索地標：南非

*R*obben Island

羅本島 ·大西洋上的「死亡島」

羅本島原本是一座平淡無奇、淒涼蕭瑟的孤島。它的歷史如同那林立的礁石一樣崎嶇，如果不是因為納爾遜·曼德拉在此度過了長達18年的鐵窗生涯，羅本島絕對不會如此名揚天下。

從開普敦到羅本島只有10公里的航程，從神奇的桌山上北眺浩瀚的大西洋，羅本島如一艘巨輪，孤零零地停泊在萬頃波濤中。

走上羅本島，只見這個小島礁石林立、崎嶇難行。儘管羅本島面積僅5.2平方公里，但卻是一個可以瞭解和感受歷史的好地方。因為在歷史的進程中，羅本島曾扮演著各式各樣的角色，它最早是英國人的放逐地，又是痲瘋病人的隔離所，有「死亡

島」之稱。後來，這裡又成為關押政治犯的地方。

　　據說，在過去的400多年裡，這個島關押過東方國家的王子、反抗英殖民主義的革命領導人，近來島上關押最多的就是南非種族隔離制度的反對者。而南非前總統曼德拉，就是在這個「死亡島」度過了長達18年的鐵窗生涯。

　　如果你在一排灰色石板房前停下，拾級而上，就可走進羅本島監獄森嚴的第一道大鐵門。進了大鐵門，就是一個與外面完全不同的世界，而最讓人感覺窒息的，是這裡陰森凝重的氣氛，行走其中，如入地獄。

　　監獄的最東面，是關押重刑政治犯的B區。B區簡直是獄中之獄，這個獄中之獄是一層長方形石頭堡壘，堡壘中間是一個長30公尺、寬10公尺的水泥地面院子。院子的三面都是牢房，一面是一堵高6公尺多的厚牆，牆上有一個可供警衛巡邏的窄道。

　　沿著一條狹長的走廊在牢房中穿行，走廊兩旁排列著30間「單人牢房」。其中，5號牢房，就是關押曼德拉的地方。

　　1962年，曼德拉因積極從事反對種族隔離鬥爭而被捕入獄，送至羅本島服刑。5年刑期尚未結束，又被判處終身監禁。難以想像身高1.83公尺的曼德拉，是如何在這間不到4.5平方公尺的牢房裡生活的，但在這裡，他一直如飢似渴地學習，先是主修倫敦大學的法學課程，接著又攻讀南非大學的法學學位。

　　曼德拉這種面對挫折，百折不撓的精神，如燦爛的陽光，不僅為他自己，也為更多身陷囹圄與困境的人，帶來了希望。

　　雖然羅本島是人類的監獄，卻是鳥兒的天堂。這裡不僅有水鳥棲息，還生活著許多陸地鳥類。其中，最具濃郁異域風情的鳥類是歐石雞、珠雞，而數量最多的鳥類，則非企鵝莫屬。每到傍晚，成群的鳥兒會出來覓食、喝水，珠雞在灌木叢中啼囀，企鵝邁著笨笨的腿，這裡一下子變得五色斑斕，熱鬧非凡。

　　而不遠處，各種花朵競相綻放，綠葉叢中，艷麗的百花萬紫千紅，在微風吹拂下，輕輕擺動，讓原本蕭瑟的羅本島，變得蔚為壯觀，生機盎然。

✦羅本島監獄的水塔。

✦羅本島監獄的大門。

搜索地標：蘇丹

Accordant Junction of the Nile

尼羅河匯流 ·半是青色，半是白色

煙 波浩淼的尼羅河，是由白尼羅河、藍尼羅河兩條河流匯流而成。由於藍尼羅河水色湛藍，白尼羅河水色瑩白，因而匯合處的尼羅河水，半是青色，半是白色，如兩條色彩截然不同的錦帶，在遼闊的天地上一路奔行。

從喀土穆向北，匯合後的尼羅河，水量大增，氣勢恢宏，萬頃波濤一路向北，納入支流阿特巴拉河，然後進入埃及。

如 果說黃河之水天上來，奔流到海不復回，那麼，尼羅河之水呢？它從哪裡來，又到哪裡去呢？事實上，尼羅河源於東非高原的布隆迪高地，在蘇丹首都喀土穆，與源於烏干達高山上維多利亞湖的白尼羅河以及來自衣索比亞的藍尼羅河相匯，形成氣勢磅礴的尼羅河。最讓人感到奇異的是：匯流處的尼羅河水，一半是藍色，一半是白色，這種一河雙色，藍白分明，波光粼粼的景觀，美得既像夢，又像童話。

這條世界第一長河為何會出現如此奇異的景象？原來，藍尼羅河發源於衣索比亞的坦那湖，一路多流經多岩漿的岩層地區，水流溶解了大量含硫物質，因而水色一片碧藍；而白尼羅河發源於烏干達的維多利亞湖，多流經沼澤地帶，水中所含有雜質大部分已經沉澱，因而水色是一片純淨的白色。同時由於兩條大河比重、流速均不相同，因而需要經過一段距離的流動，才會慢慢融合為一體。藍白分明的河水，一路奔騰，一路洶湧，如兩條色彩截然不同的錦帶，平鋪在蘇丹首都喀土穆，為它增添了一道波光粼粼的奇異景觀，讓人產生夢幻般的感覺。

搜索地標：南非

Sun City

太陽城

南非的「拉斯維加斯」

如果你想在南非尋一處「世外桃源」，非太陽城莫屬。雖然在去太陽城的路上，平坦的非洲曠野是一派半荒漠化的景象，但當到了太陽城後，你會發現：荒野中還鋪展著這樣一座豪華的世外天堂。

❋太陽城位於約翰尼斯堡西北187公里處，這裡無論是創意獨特的人造海灘浴場、維妙維肖的人造地震橋，還是優美的高爾夫球場和人工湖，都堪稱世界一流。

在南非，「太陽城」就是奢華、浪漫、享樂的代名詞，但它並非是一座城市，而是一個豪華度假村。

在太陽城，最值得一提的是失落城。失落城源於一個古老的傳說，據說，在南非古老的叢林中，曾經有個類似古羅馬的文明度極高的城市，後來，因為地震和火山爆發，它消失得無影無蹤。失落城就是那個消失了的城市的重建。為了仿造失落城波之谷叢林的人工雨林和沼澤區，共移植了120萬株各種樹木和植物。現在，徜徉於仿造的波之谷叢林內，那清澈的小溪和河流、茂密的雨林和植物，讓人感覺像是走在一幅五彩繽紛的印象畫之中。

❋太陽城的宮殿建築美輪美奐。

在太陽城住上一晚，是很美妙的一件事。因為這裡的酒店多臨海灘而建，有一些甚至延伸到海中的小島上。酒店不論是外觀的建築設計，還是內部的雕刻，都充滿非洲粗獷與迷幻的風格，而客房內家具上的浮雕，均以各種動物為造型。住在這裡，彷彿置身非洲叢林，然而這裡超豪華的享受卻又讓人宛如置身最奢靡的大都市，今夕是何夕，儼然是一個華麗又縹緲的美夢。

搜索地標：埃及

Egyptian Museum

埃及博物館

埃及的「故宮」

到了埃及，不能不看埃及博物館。埃及博物館可以說是歷史最慷慨的贈予。在這裡，無論是那史前的陶器、巨大的石雕、古老的石棺，還是精美的塑像、華麗的壁畫，都會讓人浮想聯翩，都會讓人想像到埃及曾有的風華絕代。

✤埃及博物館位於埃及首都開羅的解放廣場，它建於1881年，至今，已有100多年的歷史。

到了埃及，如果不去埃及博物館，就如同到了北京，不去故宮一樣，是一種莫大的遺憾。這座古老的博物館，不僅收藏了古埃及從史前時期至希臘、羅馬統治時期的雕像、繪畫，而且還珍藏著不勝枚舉的金銀器皿、珠寶、工藝品、棺木、石碑、紙草文書等共30餘萬件，其中，有很多展覽品年代超過3000年，可謂是年代久遠。

　　埃及人為什麼要建造這麼一個規模龐大的博物館呢？據說，建造這座博物館的目的，是為了防止由古墓中挖掘出來的國寶流往國外。由於這座博物館以廣為收藏法老時期的文物為主，埃及人又習慣地稱它為「法老博物館」。

　　埃及博物館的始創者，是有「埃及博物館之父」之稱的法國著名考古學家馬里埃特。他於1858年，在開羅北部的布拉克設計建造了舉世聞名的埃及博物館。

　　走近埃及博物館，可以看到這是一座古老而豪華的雙層石頭建築物。其中，第一層收藏著西元前27～前22世紀古埃及時代、到5～6世紀羅馬統治時代的歷史文物，這些歷史文物是按埃及古代歷史發展順序展出的；第二層是木乃伊、珠寶、棺木、繪畫、隨葬品、紙草文書等專題陳列室，收藏著數目驚人的木乃伊、珠寶、棺木等珍貴文物。

❀古埃及最著名的法老之一——拉美西斯二世法老——的木乃伊，就存放於開羅國家博物館中。

　　徜徉於埃及博物館的第一層，你不時地與一些雕像相遇。這些雕像中，最珍貴的，是以孟菲斯為中心的北埃及王墓出土的雕像。雖然這些雕像出土的年代不同，其雕工卻都十分精湛，所雕的人物都栩栩如生。特別是卡夫拉的坐像、盤腿書記坐像，特別生動逼真。雖然拉赫梯普國王及王妃諾弗蕾特坐像年代久遠，但雕像的色彩卻依然艷麗如初。

　　由於中王國時期，木雕逐漸代替石雕，因而博物館第一層陳列的彩色木雕士兵像、送祭品人像等，更為精緻。新王國時期，特別是第十八王朝的年輕法老圖坦卡門時期（前1334～前1323），是古埃及的鼎盛時期，這一時期的雕像，不僅種類眾多，而且在風格上融合了希臘寫實的特色。因而，這些雕像看上去更具藝術丰韻，比如：圖特摩斯三世、拉美西斯二世、阿蒙霍特普四世等人的雕像，就是如此。

❀圖坦卡門法老的黃金面罩，可說是開羅國家博物館的「鎮館之寶」。

　　從博物館的第一層拾級而上，可到博物館的第二層。行走於博物館的第二層，行走於那棺木室、木乃伊室、珠寶室、繪畫室、隨葬品室、史前遺物室、圖坦卡門室、紙草文書室等陳列室間，面對眼前琳琅滿目的文物，你恨不能再長一雙眼睛，因為第二層館藏之豐富、壯觀、精美與神奇，可謂是舉世無雙，空前絕後。

　　在第二層圖坦卡門室的文物中，最具有震撼力的，是圖坦卡門法老木乃伊的「黃金面罩」、「黃金棺材」、「黃金寶座」等。圖坦卡門的「黃金棺材」為彩漆，雕工高超，雕刻細膩。金光閃閃的「黃金寶座」，是依照法老生前容貌，

博物館一瞥

❖博物館分為上下兩層，包括
100餘個展覽廳和一個大型圖書
館。30餘萬件展覽品按年代順
序陳列在幾十間展室裡

用金板打造，並且鑲滿紅寶石。寶座正面兩側各有一個金製的獅子頭，扶手為蛇首鷹身的雕像分別代表上、下埃及的王權，是法老們至高無上的權力象徵。

第二層西南角的木乃伊陳列室是埃及博物館最具特色的地方，裡面珍藏著20餘具埃及歷代法老及其后妃們的木乃伊。儘管歷經幾千年風雨滄桑，躺在黃金、寶石鑲嵌的棺木裡的木乃伊，卻依舊保存完好，保持原貌。在這些保存完好的木乃伊中，最不能錯過的，是新王國第十九王朝的拉美西斯二世（約前14世紀～前13世紀）的遺體。由於在埃及歷史上，拉美西斯二世是與外敵赫梯人間締結和平條約的第一人，因而，安放拉美西斯二世遺體的展室，叫「戰爭與和平展覽室」。

在埃及博物館，除了藏有埃及法老的巨大石像和法老的鍍金車輛，史前的陶器、石器，和古代工匠精心製作的各種藝術品之外，館中還展出了古埃及平民不可或缺的生活用具，從犁、鋤、鐮等農具，到棍棒、投擲器、斧、弓、箭等武器，以及豎琴、七絃琴、橫笛、鼓等樂器，無一不有。雖然這些用具有些只是模型，也不能與圖坦卡門陳列室的兵車、獵用彎弓、嵌象牙和彩色玻璃的家具相提並論，但它們再現了古埃及人的生活。而置身於這些形形色色的生活用具中，很容易有不知身在何處的感覺。

巨大的石雕、無數的石棺、精美的塑像、華麗的壁畫，與其說埃及博物館是一座文物的聖殿，不如說它是藝術的長廊。置身於這樣的藝術長廊，任何人都會為它濃郁的藝術氣息，而深深陶醉。

搜索地標：埃及

Cairo

開羅 — 尼羅河畔的「千塔之城」

五千年的文化沉澱、地球三大洲的中心，雄偉的金字塔、蜿蜒的尼羅河、迎面而來的沙漠的味道。開羅就像一面巨大的鏡子，即使把它摔得再碎，它的每一塊碎片也都溢彩流光，也都能清晰地反映出一個曾經燦爛的過去，依然美麗動人的現在。

✥開羅不僅是埃及的首都、是非洲最大的城市，還是中東政治活動中心，同時，開羅也是世界上最古老的城市之一。

開羅座落在尼羅河三角洲頂點以南14公里處，城區大部分位於尼羅河東岸，因而有「尼羅河畔的明珠」之稱。696年，法蒂瑪王朝征服埃及，在孟菲斯城附近建立新城，命名為「開羅」，意為「征服者、勝利者之城」。1805年，穆罕默德・阿里成為了埃及的統治者，開羅隨即成為埃及的政治中心。由於深厚的歷史底蘊，雄偉的開羅城裡，奇妙地融

合了迥然不同的文明，迥然不同的宗教，迥然不同的文字。

在開羅城，如果走的時間長了，你就會發現，這裡的建築風格可以說是東西兼具，西部以現代化建築為主，具有當代歐美建築風格，東部則以古老的阿拉伯建築——清真寺為主。因而，行走於開羅城內，無論是在鬧市區，還是在居民院，到處可見冒出尖頂的清真寺。

在歲月的長河中，開羅一面緊跟著時代的步伐向前，一面保留著自己獨具特色的民族文化。究其原因，則是因為開羅的子民絕大多數是信奉伊斯蘭教的阿拉伯人。後來入主的阿拉伯人，還為開羅築建起了「千塔之城」的美

※穆罕默德‧阿里清真寺，是開羅城內規模最大、最著名的清真寺之一。

名，全城遍布著250多座清真寺，尖尖聳立的宣禮塔相映成輝。其中，那高約187公尺的開羅塔，是當代開羅最明顯的標誌，站在開羅塔上，居高臨下，俯瞰全城，盡是川流不息的車輛，鱗次櫛比的高大建築，縱橫交錯，氣勢非凡的高架高速公路，伊斯蘭教寺院的尖塔。黃昏時，寺院的尖塔與裝飾美觀的建築、五顏六色的霓虹燈交織在一起，奇幻得讓人迷惑在時空交錯中。

除了開羅塔，最值得一去的地方就是埃及博物館了。座落在開羅市中心解放廣場的埃及博物館，於1902年建成開館，是世界上最著名、規模最大的古埃及文物博物館。開羅國家博物館不僅收藏了5000年前古埃及法老時代至西元6世紀的歷史文物，而且大多數收藏品年代超過3000年，如：巨大的法老王石像、純金製作的宮廷御用珍品、大量的木乃伊。以震驚世界的財富、謎一般的詛咒而聞名的圖坦卡門法老墓出土文物，就收藏在這裡。

❀開羅市場上琳琅滿目的手
工藝品向人們展示了埃及人
高超的技藝和靈巧的心思。

❀行走在開羅的市場，可以
見到各種膚色的人穿梭其
間，當地人大多寬袍大袖，
儼然古風，成為這裡最美麗
的點綴。

當然了，博物館顯然不是開羅唯一的誘人之處。這個城市處處給人驚喜，有時走在街頭，會與一頭駱駝邂逅。當你看到體形高大，頸項曲線優美的駱駝，在奔馳的車流裡從容不迫地走著，你會感覺牠不是駱駝，而是風度翩翩的紳士。

如果你想看到成群的駱駝，則要去開羅市郊區，一個叫布爾喀什的小鎮。在布爾喀什有一個駱駝市場，成千上萬頭駱駝在此雲集。因而置身於布爾喀什，如置身於駱駝的海洋，難免有些眼花撩亂。偶爾抬頭望去，可見這裡的地上、欄裡、車上，都是駱駝。這些駱駝形態各異，有的席地而跪，有的走來走去。

置身於這駱駝的世界，需要小心翼翼，因為稍不留神，就會有駝群直衝而來。而駝群之外，駱駝販子的吆喝聲、揮舞的皮鞭聲、駱駝的嘶鳴聲和汽車喇叭聲混雜在一起，嘈雜混亂如同一段理不清頭緒的歷史。如果你離駱駝近一些，就會發現：駱駝的睫毛特別細長，而且牙齒很黃，像大菸鬼一樣。或許因為如此，埃及旅遊商店裡的T恤衫才會印有駱駝抽菸的圖案。

在開羅，如果你想購物，可以去汗‧哈利里市場。汗‧哈利里市場位於開羅的老城區，是開羅古老文化和伊斯蘭色彩的一個象徵。雖然它是由分布在幾十條小街巷裡的幾千家個體小店組成，市場道路狹窄，但在這裡的小店內，你可以買到銀首飾、銅盤、石雕、皮貨及其他埃及傳統手工藝品。據說這個地方本是法蒂瑪王朝的王室家族墓地，14世紀，當時的統治者汗‧哈利里下令拆毀墓地，並出資在此建起一個市場，因而，這個市場就以汗‧哈利里命名，並延用至今。

從汗‧哈利里市場出來，你可以為自己找一家賓館好好休息一下。開羅有許多老賓館，而且大多修建於19世紀末至20世紀初。但由於大多賓館經過翻修，雖然外表古老，裡面都已裝上了現代化的設施，住起來非常舒適。特別是炎熱的日子，從外面回來，會感覺特別清涼。

最溫馨浪漫的是晚上，如果你不想沉沉睡去，可以聽聽靜謐的花園中的蟲鳴，呼吸一下空氣中那沁人心脾的花香。或者給自己泡一杯阿拉伯甜茶，當你慢慢品味著芬芳的甜茶，你就會發現：開羅，這座現代文明與古老傳統相交融、東西方色彩相輝映的城市，它的悠長意韻，如同濃郁芬芳的阿拉伯甜茶一樣，那醇厚而富有回甘的味道，需要你去細細咀嚼，慢慢體味，才能品出其中最悠遠的味道，而這味道在唇齒間流溢，日久彌深。

✤古埃及遺風與伊斯蘭傳統文化在這裡的融合交匯，會讓
你感覺：時光似乎總是與開羅交臂而過，讓這座古都永遠
籠罩在《天方夜譚》的古老浪漫氣息之中。

搜索地標：埃及

Memphis

孟菲斯

·古埃及的「白色城堡」

位 於開羅市以南24公里處的孟菲斯，是埃及的古老都城。它滄桑的歷史同它所屬的國家一樣，漫長悠久。儘管現在它只有一個迷你博物館及花園中殘破的石雕供人憑弔，卻依然是古文明繁華興衰的一面鏡子，是歷史最慷慨的贈予。

❋在繁華的年代，這座古城曾是全世界最壯麗偉大的都市，被稱為「白色城堡」。古埃及許多代王朝都以此為統治中心。

孟 菲斯雖然不像開羅那樣是一座遍布古蹟的城市。但一進入孟菲斯，風，總是伴著沙漠的味道以及古文明的繁華興衰，款款而來。

孟菲斯位於開羅以南24公里處。從西元前3100年前起，它就是埃及最古老的都城，且定都長達800年之久。西元前

2000年，曾經的王國都城——孟菲斯——被底比斯所取代，但它依然是埃及宗教、文化名城。可惜這座美麗的城市於西元7世紀被毀。現在，留給人們憑弔的只有一個迷你博物館及花園中殘破的石雕，讓人來追思和遐想當年的盛況。

與任何一個博物館相比，迷你博物館都可以說是很小很小，說它是全世界最小的一個，也絕不會委屈它。迷你博物館與埃及博物館雖然相距不遠，但其收藏

品無論在規模上，還是在數量上，都不能與之相提並論。不過收藏品的珍貴和奇特，仍然讓它在博物館界赫赫有名。在開羅國家博物館內，價值連城的收藏品比比皆是，但在迷你博物館，最珍貴的收藏品是一樓的拉美西斯二世的雕像，由整塊石灰岩雕成的雕像，原高約14公尺，做工相當精美。雖歷經3200年的風雨，雕像上的象形文字卻還清晰可見。遺憾的是：雕像的雙腿及左手，在一場地震中折斷了。如此稀世珍品被毀壞，不由得令人扼腕歎息。

走出博物館，是一座美麗的花園，花園有阿蒙霍特普二世的獅身人面像，獅身人面像由一整塊80噸重的岩石雕成，高4公尺多。除了有些殘破的獅身人面像，在花園中，你可看到大量的石館、石雕，不過，保存完好的也為數不多。

在迷你博物館，無論是面對獅身人面像，還是大量的石館、石雕，都如同看著古墓裡千年的壁畫，雖然一切近在咫尺，伸手可及，但給人的感覺卻是遙遠的過去。儘管迷你博物館殘破不全，儘管獅身人面像色彩單一，但誰又能否認孟菲斯這座城市曾經的壯麗與燦爛？

孟菲斯不遠處便是薩卡拉，這裡是法老王和大臣家族們死後的埋葬地。這裡聳立著薩卡拉的階梯金字塔，那是埃及第一個以劈削石頭建築而成的墓塚。當你在金光燦燦的陽光下高高仰望著塔尖時，你就會感覺到個體是多麼的渺小，幾十個世紀的時光，如此瞬即而逝，而留給我們的，卻是如此繞梁不絕的追思與神往。

搜索地標：埃及

Alexandria

亞歷山卓
地中海的新娘

提 到埃及鮮有人馬上想到它的地中海沿岸，但埃及最美的風光當數地中海岸的亞歷山卓。如果說燈塔、清真寺、古城堡是亞歷山卓城的風骨的話，那麼美麗的地中海浪花、蒙塔扎王宮花園、海濱浴場和亞歷山卓圖書館則是這座古城的靈魂，它們風情萬種地賦予亞歷山卓以無限的活力和靈性。

✿雖然已沒有了法羅斯燈塔的陪伴，「地中海的新娘」卻絲毫不損其迷人的風姿。

亞 歷山卓是被地中海環抱的城市，雖然它沒有吉薩的金字塔、沒有開羅的尼羅河、沒有盧克索的神殿，但它街旁隨風搖曳的棗椰樹，街心公園裡綻放的簇簇鮮花，帶有歐洲

建築風格的街景，卻賦予這個「地中的海新娘」萬種風情。因而，即使你不是第一次來這個城市，也會詫異於它的整潔幽雅，沉醉於它的椰風花影，愛上它清真寺高聳的尖塔。

亞歷山卓建於西元前332年，既是古代和中世紀的一座名城，又曾是地中海沿海政治、經濟、文化和東西方貿易中心。燦爛的歷史給它留下了不勝其數的名勝古蹟，最著名的便是亞歷山卓燈塔遺址和蒙塔扎王宮的花園。

❋地中海岸的旖旎風光，給亞歷山卓帶來一種與其他非洲城市迥然不同的「西洋」色彩。

亞歷山卓燈塔遺址位於城外的法羅斯島上，這座名列「世界七大奇蹟」之一的建築，建於西元前280年，是由埃及國王托勒密二世在世時修建的。據文獻記載，整個燈塔面積約930平方公尺，高達135公尺，由石灰石、花崗石、白大理石和青銅鑄成，十分巍峨。其中三層為燈塔的主體，它由8根圓柱撐著一個圓頂，有一螺旋通道，沿螺旋通道拾級而上，可達頂部。由於燈塔建於距離岸邊7公尺處的礁石上，因而從遠處看則如漂浮在大海上的摩天大廈。

令人扼腕痛惜的是：這座巨大的燈塔卻於1435年毀於一次地震。之後，馬姆魯克王朝蘇丹卡特巴就地取材，用原燈塔的石料在原址上建造了一座軍事城堡，這就是著名的卡特巴城堡。在城堡四周的水中，散落著許多苔跡斑斑的大石頭，據說，那是燈塔坍塌時的殘留物。

如果說亞歷山卓燈塔遺址是亞歷山卓的風骨的話，那麼，被茂密的林木簇擁著的蒙塔扎王宮花園，便是這個城市的靈魂。蒙塔扎王宮的花園位於地中海邊的台地，是一座帶有佛羅倫斯風格的園林建築。走近花園內，只見園內曲徑通幽，到處都是經過修剪的奇花異草。由於它一直是王室的避暑地，因而，花園裡的王宮主體建築不對外開放。而隔著美麗的柵欄，則可見它的主體建築上，有字母「F」頻頻出現。據說「F」能帶來好運氣，因而，王室子孫的名字都以「F」開頭。

❋曾作為「世界七大奇蹟」的亞歷山卓燈塔，如今只剩曾經的塔基所在地，任人憑弔。

黃昏，是蒙塔扎王宮花園最美麗的時候，這時，尚未落山的夕陽，為其鑲嵌上一輪浪漫的金邊，而不遠處，陣陣波濤此起彼伏。此時，遠眺海水，可見那一道道雪白的浪花，在夕陽的反襯下，變成了一道道橙紅色的弧線。夕陽西下，蒙塔扎王宮花園開始華燈初上，從這裡通往海上公園的那座紅色石橋，則在一橋的華美燈光中，變成了一座如夢如幻的海上天橋。

此時的亞歷山卓，這個「地中海的新娘」也在五彩繽紛的燈海中，更為柔情似水，嫵媚動人。

搜索地標：突尼西亞

Tunis

突尼斯

·漂浮海上的白蓮

雖然突尼斯不是一個十全十美的地方，但它卻是一個溫情而文雅的國度，擁有達到完美所需要的各種因素——湛藍的海水、細軟的海岸、廣袤的撒哈拉；而大漠上的孤煙、海上的明月，則更讓它魅力四射。

✤突尼斯的「11月7日廣場」。

也許，你對突尼斯的最初印象是源於《英倫情人》中蒼黃的色調。但如果你真的來到了這片土地，那綠色的橄欖樹，湛藍的海水，細軟的海岸，藍色小鎮的白牆藍窗，撲鼻的茉莉花香，絕對會在瞬間顛覆你對突尼斯漫漫黃沙的單調印象。

一進入突尼斯市區，你就會發現：這是一座充滿阿拉伯風土氣息的舊城和歐化新城合璧的城市。由於突尼斯市的建築物以白色為主色調，因而，它給人的第一感覺，是純淨、自然。而從遠處看這座城市，如漂浮在海中的一朵白蓮。據說，希臘神尤利西斯帶著船員在海中漂浮了很長時間，自從看到這朵蓮花後，就決定在這個美麗的地方安家落戶。自此，世界地圖上，就有了美麗的突尼斯市。

突尼斯市區有新舊之分。舊市區人來人往，十分熱鬧。穿行其中，可見一些衣著較為傳統的當地人，在這些人中，男人多穿著長袍，女人多穿傳統服裝。這裡雖然街道有些擁擠，卻充滿著繁華的味道。對於外地的遊客來說，舊市區內最吸引人的，是那些地攤，地攤上大多是當地人的編織、刺

繡等做工精美的手工藝品。你大可從地攤上淘上一些,不管
自己留作紀念,還是回去後送給朋友,都是再合適不過的
了。

　　與舊市區相比,新市區寬闊了許多。漫步市區寬廣明淨
的林蔭大道上,濃郁的地中海氣息便會迎面撲來。由於道路
兩邊多為裝飾典雅的咖啡廳,因而不時地會有悠揚的音樂在
你身前或身後響起。而在音樂聲中款款而行的,還有一些身
著長裙、眼戴墨鏡、腳穿高跟鞋的時髦女郎,雖然你看不清
她們美麗的面容,但她們卻是這個城市最時尚的代名詞,最
亮麗的一張張名片。

　　突尼斯市是一個鮮花的國度,無論是在舊市區,還是新
市區,都可以見到一些賣花的男孩或是老人。這裡最有名的就
是茉莉。茉莉花花色素潔,濃郁的芬芳更像薑花,它的花語表
示愛情和友誼。因而在突尼斯,有青年男女之間互送茉莉的習
俗。賣花人將茉莉花的花蕾仔細地紮成了圈,下面安著細細的
木桿,看起來十分美麗。當男孩把茉莉送給心愛的女孩,女孩
接過花後,會露出一臉的柔情,也有女孩會羞澀地低下頭,臉
上依然有一朵緋紅的花。這時,花美人更美。

　　如果女孩送茉莉給男孩,男孩會將花別在右耳際。當然
了,即使不是因愛情,也有男人自己買花,送給自己。於
是,在突尼斯,會不時地看到戴茉莉花的男人,從你面前一

❋在老城區,身著阿拉伯傳統
服裝的婦女穿行在街道間,讓
人感到儼然回到了千年之前。

❋突尼斯的巴杜博物館是世界
上著名的考古學博物館,其中
最主要的收藏品是來自全國各
地出土的馬賽克作品。由於這
裡是由從前的皇宮改建而成,
因而又格外富麗堂皇。

晃而過。

　　突尼斯市也完全無愧於一個「國際化大都市」的名號。
在這裡，即使到了深夜11點，大街上依然燈火通明，人流如
織。在街道兩旁的樹蔭下，坐滿了喝著啤酒和咖啡的突尼斯
人，這些人一邊喝著啤酒和咖啡，一邊傾聽著悠揚的音樂。
而不時吹來的習習海風，則給人帶來一種愜意與寧靜。

　　來到突尼斯，別忘了去一個叫西迪·布·賽義德的小
鎮。否則，你就會有太多的遺憾。

　　西迪·布·賽義德小鎮在突尼西亞首都突尼斯市北部18
公里處。這個座落在山包上的小鎮，風光秀麗。站在小鎮最
高處，極目四望，只見傳統的白色古堡、白色的平頂屋、白
色的別墅，在曲折的山地上高高低低，錯落有致地鋪展開
來，最妙不可言的，是這些平頂屋、別墅的院門、窗戶和樓
梯扶手，全都是清一色的藍。藍色的窗、藍色的門、藍色的
屋簷、藍色的椅子、藍色的廊柱……小鎮，就這樣在藍色的
點綴中，與地中海蔚藍色的海水相互交織，勾勒出一幅藍白

✳藍與白，是突尼斯的主色
調，一如這裡的海岸與藍天。

相間的和諧畫面。

行走於一幅藍白相間的和諧畫面中，不時會有驚喜發現，比如：當你行走於大街小巷中，會有一枝梅花，從那白色的牆頭上探出。而你隨著一襲醉人的薰香前行，隨便推開一扇門，就會慨歎圓頂拱門上那用黑色圓釘扣出特別的圖案，做工之精細真的讓人拍案叫絕，不知出自何人之手。那個精雕細琢這種圖案的人，早已化做一粒塵土，但他留下了這種完美地融合了安達魯西亞與阿拉伯建築風格的藝術。

自西迪・布・賽義德向南行駛80公里，是哈馬馬特。如果你是來突尼斯休假，只有在哈馬馬特你才能體會什麼是放鬆自我。過去，哈馬馬特是個古老的漁港，今天，已經成為突尼斯的觀光勝地。在這裡，必做的兩件事是沖海水浴和去酒吧。

✸突尼斯老城區的伊斯蘭式裝飾風格，已經滲入了每一個建築細節中。

在地中海沖海水浴是一件很愜意的事，因為浴場中的地中海海水不僅潔淨，還含有豐富的礦物質。在這樣的海水中待久了，人體就能吸收更多的礦物質，比如：碘、鉀、鈣、鎂等。沖海水浴後，你可以躺在海灘的沙丘上，懶懶地閉目養神，或者待在海邊，看一天小說，悠閒地消磨著在哈馬馬特的每一寸時光。而當夜幕降臨時，你就應該想想，今晚要去哪家酒吧享受「幸福時光」（即國外酒吧為促銷而設的專門降價時段）呢？

也許你沒有想好，但當你走進夜幕中的哈馬馬特，你就會發現：這裡一點也不像你想像中的阿拉伯國家那樣低調和傳統，甚至有些張揚。無論你走進哪家酒吧，都會被那曖昧地閃爍著的霓虹燈，被那一屋色彩斑斕的光色，或高或低的音樂聲深深地迷惑，感覺自己不是在哈馬馬特，而是在上海或北京的某一家酒吧。

✸小鎮上出售的突尼西亞傳統工藝品。人面有男女，眼神生動，顯示出一種北非地區所特有的阿拉伯情趣。

即使你沒有上酒吧的習慣，哈馬馬特也會讓你刻骨銘心。哈馬馬特最具特色的就是它的酒店，這裡的酒店多是奢華的海景房，房間多由木樁插在大海裡撐起，而房子的大門則連著浮橋，站在浮橋上，可觀賞在海中嬉戲的魚兒。推窗而望，是美麗如鏡的海水，是天水共一色的哈馬馬特。

離開哈馬馬特，繼續遊走突尼西亞。當你走過很多地方，你就會發現：儘管這個國家面積不大，但是景色卻是變化萬千——自山間風光到荒漠高原，從綠色橄欖樹到海邊的棕櫚樹，由大漠孤煙到海上明月，無一不讓人沉醉其中，樂不思蜀。

搜索地標：突尼西亞

*S*ousse

蘇塞 「地中海的花園港」

蘇塞，位於突尼西亞東海岸，地中海哈馬特灣南岸。這個城市的面積算不上大，但是景色
卻十分美麗，無論是古老的城牆、大清真寺，還是那堡壘式修道院、大博物館，都很容易
讓人沉醉其中。

歷史上，蘇塞一直是兵家
必爭之地，因此它的許多建
築既有軍事功能，又有宗教
意義。老城的大清真寺就是
這種建築風格的典型代表。

蘇塞是突尼西亞第三大城市，位於地中海哈馬馬特灣，被
譽為「地中海的花園港」。這座西元前9世紀由腓尼基
人建立的小城，雖然歷經滄桑，卻還是美艷絕倫。特別是它
老城區的建築，幾乎整齊地分為藍、白、黃三色，遠遠望去
格外雅致美觀，1988年被聯合國教科文組織作為文化遺產而

列入《世界遺產名錄》。

　　像所有的老城一樣，蘇塞四周有城牆環繞。這些由山石塊壘成的城牆，十分高大堅固，且基本上保存完好。城牆南北長700公尺，東西寬450公尺。在城牆東南角，聳立著卡萊福方塔，塔底邊長8公尺，頂端邊長5公尺、高30多公尺，是最古老的伊斯蘭式塔。

　　在蘇塞，給你印象最深的，不是它的細沙海岸和美麗的月色，而是以鑲嵌畫內容豐富、技術精湛而聞名的蘇塞博物館，它珍藏著大量的歷史文物。雖然蘇塞是一座老城，但它的北區卻是新建設起來的。與南區典型的阿拉伯風格建築相比，北區的建築風格更現代時尚一些，不僅建有娛樂碼頭、網球場，還有夜總會、酒吧等各種娛樂場所。站在老城高處環視蘇塞，只見四周藍色的地中海，白牆藍窗的阿拉伯小樓，不是層層重疊於山坡之上，就是掩映在棗椰叢中。金色沙灘、千年的老城、白牆藍窗的阿拉伯小樓，微風輕拂的棗椰叢……無論是誰，只要在蘇塞待久了，恐怕都會感覺自己是生活於秀麗的阿拉伯風景畫中。

✴蘇塞老城區繁華的市場。

搜索地標：摩洛哥

Casablanca
卡薩布蘭卡
·北非的巴黎

北 非的空氣裡，總是瀰漫著阿拉伯、法國、葡萄牙和西班牙的混合味道。卡薩布蘭卡就位於北非這個遙遠的異域，無論是它碧藍無垠的天空和海水，還是高大的棕櫚樹和橘子樹，甚至是白色帆船，都讓它充滿著異國的風情，洋溢著多彩的情調。

卡 薩布蘭卡是摩洛哥最大的港口城市，也是摩洛哥最大的城市。瀕臨大西洋的這座古老的城市，氣候宜人，樹木

常青，有著十分綺麗的自然風光。從這裡仰視，可見碧藍無垠的天空，遠眺則可見一望無際的海水。但讓它聞名世界的，則是好萊塢電影《卡薩布蘭卡》。這部榮膺奧斯卡獎的影片《卡薩布蘭卡》，以及影片中那悠長哀婉的名曲——《時光流逝》——所疊加的神祕感，越發增添了這座城市的朦朧感。

如果想從官方地圖上搜索「卡薩布蘭卡」這個名字，你多半是找不到的。因為它現在已經恢復了自己的本名——達爾貝達。18世紀末，西班牙人得到了在這個港口貿易的特權，就稱它為「卡薩布蘭卡」，即「白色的房子」。許多許多年過去了，殖民時代已經成為歷史上隨風逝去的過往，而「卡薩布蘭卡」這個名字，卻隨著那部經典老片流傳了下來，又或許與片子無關，人們只是覺得這個旖旎的發音，與它旖旎的風情更為相稱罷了。

在卡薩布蘭卡，雖然沒有富麗堂皇的宮殿，但這裡的建築物多掩映於棕櫚樹叢中，多是清一色的白。而最別緻的，是鑄鐵的陽台，陽台多為圓弧狀線條，十分美麗。溫柔敦厚的圓弧狀線條，以及掩映於棕櫚樹叢中的一道道雪白的高牆大院，無時不讓你體驗到這裡特有的閒情逸致。

＊有人說，只要你來過卡薩布蘭卡，你就會感覺它是一座
很浪漫的城市。無論是它每一個街道的拐角，還是每一座
建築，都時常讓人有一種驚艷的感覺。如果你來過，就會
感到卡薩布蘭卡的確如此。

遊走於卡薩布蘭卡，最讓你感覺到驚艷的是它的建築。在大西洋邊最引人注目的建築，是哈桑二世清真寺。它既是目前世界上規模第二大的伊斯蘭教寺院，亦是西北非地區最大的現代化清真寺。從海上遠眺，高高聳立在大西洋邊的哈桑二世清真寺，就如一艘正駛向大海的白色航船，高聳而筆直的主塔，則一如它的桅桿。哈桑二世清真寺的主塔高約200公尺，其高度遠遠高過埃及的大金字塔和羅馬的聖彼得大教堂，可以說是世界上最高的宗教建築物。登上哈桑二世清真寺塔頂，卡薩布蘭卡街景盡收眼底的剎那，如在湖中投下了一枚石子，心中被遺忘很久的幸福和感動，悠悠如漣漪般擴散開去。

✳哈桑二世清真寺內的噴泉。

走出哈桑二世清真寺，在外面迎接你的往往是一片燦爛的陽光。驀然回首，清真寺就那樣站在陽光中，恍惚間，自己就好像是一個不知道從哪裡來，要往哪裡去的人。而當時光慢慢流逝，夜幕降臨時，這座高大的建築物，就會連同那些明媚、鮮亮的顏色——藍的天空，白的房子，紅的地毯，黃褐的土牆一樣，隱沒於深深的夜色中。

這個時候，你可以去「南國棕櫚」咖啡店坐坐。在那裡，你閒坐窗前，這時卡薩布蘭卡的車水馬龍就如同電影畫面一般，川流不息。你可以選擇法國式的咖啡，也可要一杯摩洛哥人喜愛的薄荷茶。雖然這兩種味道迥然不同，卻恰好代表著卡薩布蘭卡的雙重性格：芬芳的咖啡具有舊日的歐陸情調；口味爽朗而略含刺激的薄荷茶，則如這個城市的陽光、沙漠、綠洲和棕櫚樹一樣，具有道道地地的北非風情。

由於「南國棕櫚」的佈置很特別，內部陳設完全仿照《卡薩布蘭卡》中的「里克夜總會」，《時光流逝》的旋律悠然流淌時，這裡的一切會變得恍然如夢。

如果覺得「南國棕櫚」有些讓人鬱鬱寡歡，你可以去「麥地那」走走。「麥地那」在市中心的聯合國廣場北面，雖然與聯合國廣場僅一牆之隔，卻是截然不同的天地。「麥地那」屬於卡薩布蘭卡的阿拉伯舊城區，這裡的街巷狹窄密集，集市喧鬧活潑。行走其中，可以見到一些柏柏女人和穿傳統長袍的男子，同卡薩布蘭卡本身一樣，讓你回味無窮。

如果能夠選擇，在卡薩布蘭卡生活，一定要擁有面朝大海、春暖花開的房子，游泳、划船、釣魚，或者把自己埋在潔白的細沙裡，而從細沙中抬起頭時，生活又充滿陽光與希望。

搜索地標：馬利

Old Towns of Djenne

傑內古城 — 尼日河谷的寶石

座落在尼日河與巴尼河交匯處的傑內古城，向有「尼日河谷的寶石」的美譽。在這裡，碧綠的巴尼河緩緩流過市區，小橋臥波，流水潺潺，如果不是高大挺拔、鬱鬱蔥蔥的芒果樹、棕櫚樹在提醒你，你會感覺自己宛如行走於中國的江南水鄉。

傑內古城位於尼日河內陸三角洲的最南端，尼日河支流巴尼河的左岸。碧綠的巴尼河緩緩流過市區，市內鮮花繁茂，芳草如茵，小橋縱橫，流水潺潺，別具熱帶風情的芒果樹、棕櫚樹鬱鬱蔥蔥，高大挺拔，呈現著一派熱帶水鄉澤國的城市景象。

在古代，傑內是繁華的商業中心，以光輝燦爛的伊斯蘭文化和盛極一時的摩爾式建築而馳名天下。在這座富有珍貴

大清真寺建造時沒有用一磚一石，而是用椰樹木為骨架，用黏土建造，造型十分奇特，是蘇丹建築藝術和撒哈拉建築風格的完美結合。

歷史文化價值的城市，特別值得一提的，是傑內大清真寺。

　　傑內大清真寺位於古城中央，於1907～1909年重建。這座龐大的建築物面積達3025平方公尺，高11公尺、周長56公尺，規模十分宏大，是蘇丹風格和撒哈拉建築藝術的完美結合，因此被認為是非洲建築藝術的經典之作。

　　從遠處看，整個大清真寺十分高大，特別是它寬闊的寺門，更為壯觀。它祈禱大廳的屋頂，由100根粗大的四方體泥柱支撐，而屋頂上密密麻麻地排列著104個直徑為10公分的氣洞。傑內大清真寺最別具風格的，是它向外突出的房架，對於整個清真寺而言，房架具有畫龍點睛的裝點作用。正是因為它的裝點，傑內大清真寺才有了靈性。而比傑內大清真寺更具魅力的，是這個古城的大集市。

　　由於大清真寺佔據了集市廣場，所以，外地人到此，就難免有種大集市與清真寺渾然一體的感覺。每到週一，都會有成千上萬身著鮮艷長袍的貝爾村民湧入集市廣場，這時的集市廣場人聲鼎沸，人流如織，熱鬧非凡。而在熙熙攘攘的人流中，有一道最亮麗的風景，那就是女人鮮艷奪目的服飾，它可以說是傑內古城的魅力所在。

　　愛美之心人皆有之，傑內古城的女人們自然不也例外，不管家裡經濟條件如何，她們大都把自己打扮得落落大方，不僅衣著整齊，就連那唇膏塗得也是恰如其分。但她們最注重的，就是自己的髮型與頭飾。這裡雖然沒什麼著名的美容店，但集市上少女的髮型卻是千人千樣：有的像西藏婦女梳著滿頭小辮，有的又像佛教造像的螺絲卷型，還有的如瀑布披肩……不管哪一種髮型，都十分可愛。在飾物上，這裡的飾物更具非洲風情，比如：女人們鼻子上那沉沉的鼻環，嘴唇上那紫色的花紋，耳朵上懸掛著的黃金耳環。

　　隨著這些女人前行，你就會走到一些民居。遠望去，傑內古城的民居宛如一塊塊切削整齊的大泥塊。走近了，你就會發現，這些民居院牆用泥沙塗抹，而院子中央，是一個公共場院。整座院子只有一個出口，木製大門用粗大的鐵釘裝飾，雖然簡潔，倒也別具非洲風情。

　　別具熱帶風情的自然風光，造型奇特的清真寺建築，每週一的大集市以及女人鮮艷奪目的服飾，用泥沙塗抹的民居院牆，任何人行走於傑內古城，都像走在一幅古樸而悠遠的非洲印象畫中，皆能盡享千年古城特有的恬靜與詩意。

❋大清真寺外，現在仍然時時有本地的居民和遠來的朝拜者頂禮膜拜。

❋馬利的姑娘最愛美。她們喜歡用水果製成巨大的耳環，還流行用染料把牙齦染黑。

搜索地標：坦尚尼亞

Dar es Salaam

沙蘭港

「和平之港」

沙 蘭港這個城市面積不大，卻是扼西印度洋航運要衝的「和平之港」，除眾多的深水碼頭外，這裡異彩紛呈的，就是它的建築物：歐陸的高大敞亮的建築、中東的天井迴廊、印巴的雕畫門窗、混成的玻璃百葉，這裡無所不有，而不管哪一種建築特色，都令人心馳神醉。

沙 蘭港位於非洲印度洋岸中段，扼西印度洋航運要衝，是坦尚尼亞的首都和全國政治、經濟、文化及交通的中心，又是東非重要的國際貿易港口。

由於受印度洋季風影響，沙蘭港雨量充沛，地表水很豐富，終年綠色，環境優美。但這裡的氣候十分濕熱，因而，置身其中，就如置身於一個天然的火爐。

沙蘭港最具特色的，就是它的建築。在建築風格上，沙蘭港是不拘一格，既有非洲本土風情，又蘊含殖民時期的文化。

在沙蘭港待一段時間，你會發現：沙蘭港雖然是一個國際化的大都市，但這裡的人們在吃穿方面沒有那麼多的講究，而是非常簡單。

對於遠道而來的人來說，沙蘭港人生活十分單調，但他們卻把這種單調的生活過得有聲有色，悠哉悠哉。沒事的時候，唱唱歌，跳跳舞。載歌載舞要用樂器來伴奏，而沙蘭港人的歌舞節奏多取自形制各異的獸皮鼓及獸角號。當獸皮鼓打起，獸角號吹響時，無論是誰都能感受到沙蘭港人的熱情，都會情不自禁跟在他們身後，隨著他們翩翩起舞。

那時，你就會體會到另一個熱情奔放的沙蘭港。

※「沙蘭港」意即「和平之港」，這裡港區水深，港灣內風平浪靜，僅深水碼頭就有6處之多，是一個優良的天然海港。

沙蘭港的建築不僅高大敞亮、還具有中東的天井迴廊，更有印巴的雕畫門窗，混成的玻璃百葉。正是這多種風格的混合，讓沙蘭港的建築呈現多彩多姿的格局。

Ouagadougou
瓦加杜古

「非洲的好萊塢」

西非小國布吉納法索對許多人來說，也許相當陌生。但這個小國的首都和最大城市瓦加杜古，卻因集中了非洲電影業的一些主要組織機構、濃郁的熱帶風光、迷人的異域風情，而享受有「非洲好萊塢」的美稱。

始建於15世紀的瓦加杜古，曾長期為莫西族布吉納法索的最大部族所建王國的都城。現在，它的市區內不僅保留有莫西王摩爾霍‧納巴的瑰麗故宮，而且因集中了非洲電影業的一些主要組織機構，如：非洲影片製作中心、非洲電影學院、非洲影片發行公司、泛非電影工作者聯盟等機構，而享有「非洲好萊塢」的美稱。自1969年開始，非洲就定期在瓦加杜古舉辦泛非電影節。而瓦加杜古大學開設的電影系，更讓「非洲影都」名聞天下。

瓦加杜古不僅風景迷人，而且極具異域風情。徜徉於瓦加杜古市區，各種熱帶林木隨處可見，如果仔細觀察，你就會發現：這些林木千姿百態，形態千差萬別，椰子樹高大挺拔，火焰樹燦若朝霞，木瓜樹翠綠欲滴，棕櫚樹迎風搖曳。不管哪一種樹，都是瓦加杜古不可或缺的風景。

來到瓦加杜古，如果不去「非洲人大市場」，你就不可能體會到瓦加杜古的熱鬧繁華。而在「非洲人大市場」，不論是傳統工藝品和金、銀、銅首飾工藝品，還是刺繡、織毯、編織與雕刻手工藝品，隨便拿出一件，都會馳名西非。

除了熱帶林木，最具瓦加杜古風情的是聳立於街道兩旁的建築，這些建築多為造型獨特的低層建築，而且是清一色的白。由於它們多掩映在綠樹紅花叢中，因而，人入其中，如行走在畫中。

✳瓦加杜古市內的烈士紀念碑。

搜索地標：尚比亞

Lusaka

路沙卡

• 繁花似錦的「花園城市」

路沙卡最引人注目的，並非是它風和日麗、四季如春、花草繁茂的自然風光，或者是那些奇
趣的非洲風情；而是它作為尚比亞這個產銅國的首都那充滿「銅味」的氣息。

路沙卡城市的形成應完全歸功於1905年尚比亞國內的羅西亞鐵路的修建。由於這裡四季如春，多熱帶花草，有「花園城市」之稱。

　　一進入路沙卡市區，你就會懷疑自己是否來錯了地方。那一所所的歐式古典民居，那繁花似錦、綠蔭匝地的大街，如入一個具有鄉土風情的浪漫城鎮。而這個「浪漫城鎮」中最值得一提的，是銅。路沙卡的銅十分著名，而更多的時候它以一種特殊的藝術品形貌出現，如：路沙卡議會大廈的「銅牆」、獨立廣場的「銅碑」、自由廣場的「銅雕」。它們不僅經歷了幾百年人世浮沉的傷痕，更見證了路沙卡的興旺繁榮。

　　除了琳琅滿目的藝術品，路沙卡最值得一提的就是銅花。它形如龍舌蘭，花是藍色的，因它生長的地下有銅而得名。

　　雖然「銅花」是藍色的，但遠比不過路沙卡的天空藍，在路沙卡仰視天空，就如同看到了一湖如鏡的湖水。如果這時微風吹過，空氣裡就會瀰漫著一種久違的泥土氣息。沉浸於這樣的氣息中，你很容易返璞歸真，忘記很多不快樂的事。

❋路沙卡這座高原城市位於尚比亞中南部，既是尚比亞首都，又是全國的最大城市。

搜索地標：塞內加爾

Dakar

達卡

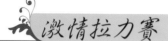

激情拉力賽

達卡是世界頂級賽事和規模最大的洲際拉力賽——達卡拉力賽的終點，雖然達卡拉力賽是一場比賽，但達卡，卻是一座在夢裡似曾相識的城市，一幅多姿多采的畫卷，一部別具非洲風味的風情片。

✹在沙麗海灘放眼遠眺時，那不遠處五顏六色的船帆以及時高時低拍岸的驚濤，會呈現給你一個五彩繽紛的海上世界。

也許你是第一次來到達卡，但這裡的一切卻讓你有似曾相識、一見如故的感覺。這座總是被人們與汽車拉力賽掛上鉤的城市，位於塞內加爾西部沿海格雷灣的西岸，東瀕大西洋，地理位置相當重要，是歐洲至南美、南部非洲至北美間來往船舶的重要中途站。

達卡既是塞內加爾首都、第一大港市，又是西非的重要海港。置身於港內，可見這個面積達241公頃、全港總長達

8000公尺的港口，一派繁忙的景象。雖然達卡港內建有9個碼頭，46個泊位，但由於它承擔著全國95％進出口貨物的集散任務，並且一些西非內陸國家的進出口貨物也由達卡港過境，因此它還是顯得十分擁擠。

達卡氣候溫和，舒適宜人，但讓它大名遠揚的，卻是達卡汽車拉力賽。達卡的汽車拉力賽由法國車手澤利‧薩賓創辦，今已連續舉辦了31屆。拉力賽的始點是法國巴黎，終點就是達卡，中間橫越歐洲和非洲，整個賽程超過10000公里。一路上，車手們不僅要經過礫石、泥灣、公路、沙漠等各種路段的考驗，更要經受地理跨度、溫差驟變的「折磨」，而能堅持到終點的最多只有一半的車手。因而，與其說這是一場比賽，不如說這是對人類體能和意志極限的一種挑戰。

✳拉力賽途中奮力跋涉的賽車。

或許受拉力賽的影響，達卡的汽車不僅數量多，種類也多。其中，最多的是法國車，如：雪鐵龍和標緻。如果你佇立於達卡的街頭，你會發現這裡真的是車流如織。而在車河中，滿目可及的，則是樣式各異的各種標緻和雪鐵龍。

如果你不喜歡喧囂的城市，可以去位於達卡南部的沙麗海灘。快到沙麗海灘時，你會發現：那滿載歐洲度假者的大巴和小車川流不息，兩旁度假村的廣告牌一個接著一個，飯店、酒吧、舞廳在道路兩旁不時閃過。就這樣一路向前，當走到道路盡頭時，一個巨大的花壇霍然呈現於你眼前，道路則沿著海岸向兩側分開，周圍儼然是一個輕鬆悠閒的歐美度假小鎮。

✳戴上面具，與達卡人一起瘋狂起舞，絕對是來到此處放鬆心情的一種最好的方式。

到達沙麗時，如果正是正午時分，你可以選擇一個面向大海的餐廳。這樣，就可以一邊吃飯，一邊看海。晚上，如果不想回達卡，就可以在附近的度假村住上一晚。這樣，你不僅可以伴著和煦的海風，看太陽餘暉下的大海，而且可以享受晚餐後的瘋狂時光。達卡人熱情好客，喜歡舞蹈，而在沙麗的度假村或者酒店，一般在晚餐後，都會有歌舞表演，特別是手鼓舞，是他們的拿手好戲。當歡快的手鼓聲響起時，不僅是表演者，甚至是觀眾，都會受到深深感染，於是，更多的人會加入跳舞者的隊伍。儘管你跳的舞不及表演者那樣專業，但只要大膽一些，只要你放鬆自我，你的熱情就像一把火，點亮了沙麗的夜晚，也點亮了你自己。

搜索地標：肯亞

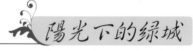

Nairobi

奈洛比 陽光下的綠城

如果說這個世界上真的有天堂的話，那就應該去奈洛比尋找。在這個充滿鮮花的國度，不論是美麗的自然風光，還是濃郁的民族風情、獨特的地貌景觀，都散發著獨具一格的魅力與韻致，像磁石一樣，深深吸引著世人的眼光，讓人流連忘返。

❀奈洛比擁有全世界唯一一處城市內的國家公園。在這裡，如果被突然伸進窗口打招呼的長頸鹿嚇一跳，可一點也不稀奇。

「**非**」洲的美麗，比我們想像的還要深刻。」一位經常行走於非洲的攝影師曾經說。事實上，位於肯亞中南部高原地區的奈洛比，的確是美麗得超出了人的想像。

奈洛比是肯亞的首都，海拔1525公尺。奈洛比在當地馬

賽語的語意是「冰涼的水」。由於光照充足，氣候溫和宜人，奈洛比特別適合各種樹木與花卉的生長，這個充滿鮮花的國度，向有「陽光下的綠城」之稱。所以，如果你走下飛機，一下子就被濃重的綠色所簇擁，你不必大驚小怪。儘管你想像中的非洲是那樣的炎熱、乾燥、枯黃、荒涼的，事實上，那只是旱季的非洲而已。而雨季的非洲與奈洛比，則是「紅了櫻桃，綠了芭蕉」。

由機場到奈洛比市區，是讓人賞心悅目的景致。一路上，你總會與一些高低不一的樹木不期而遇，高大的是喬木，低的多屬於灌木、草本植物。雖然叫不出這些樹木的名字，卻可以盡情享受它們在微風中送來的陰涼與綠意。而路邊那些十分艷麗、碩大的花朵，則爭相吐艷地迎接著遠道而來的客人，花枝招展地為客人洗去一路的風塵。

奈洛比最高的建築物，就是肯雅塔國際會議中心了。遠遠望去，圓塔形的肯雅塔國際會議中心十分雄偉壯觀。站在頂層，可將奈洛比的風光盡收眼底。肯雅塔國際會議中心始建於1967年，整個建築有32層。20世紀70年代初建成後，曾主辦過多次世界和區域性國際會議。

✽奈洛比市豎立著肯亞國父喬莫‧肯雅塔的雕像。

在大多數人的印象中，讓肯亞聞名天下的，是它的熱帶草原風貌、種類繁多的野生動植物以及美麗的海濱風光。其實，風情萬種的肯亞還有著十分豐富的人文景觀，其中最為著名的，就是凱倫莊園。凱倫莊園座落在奈洛比近郊，是《遠離非洲》的作者凱倫‧白烈森的故居。

還未到莊園，就能看到掩映在參天大樹中的一座紅頂白牆的別墅。拾級而上，緩步走進莊園時，首先映入人們眼簾的，就是那十分開闊的林中園地和點綴其間的高聳入雲的喬木。步入莊園間，只見其中的建築古色古香，而房間內的家具和擺設，不僅具有鮮明的民族特色，也體現了主人的修養與喜好。凱倫的《遠離非洲》是文字秀美而華貴的作品，同名電影《遠離非洲》則是波瀾壯闊的非洲畫卷，置身於「凱倫莊園」，其風景怎一個美字了得。

✽閒庭信步的犀牛與高高聳立的現代化高樓大廈，這個甚至顯得有些荒謬的浪漫情景，地球上恐怕只有在奈洛比才看得到。

坐在屋前門廊下，可以望見不遠處的恩貢山。那裡埋葬著丹尼斯，那個讓凱倫銘心刻骨的男人。坐在露天的草地裡，可以一邊品味著咖啡，一邊沐浴著陽光。而閉上眼睛，則可以浮想聯翩：男女主人共乘小飛機，飛越高山和藍天。在雲端，她把自己的手伸給他⋯⋯天長地久有時盡，此情綿綿無絕期，在凱倫莊園，你享受的不僅僅是陽光、草地，還有一場溫情、甜蜜的愛情盛宴。

凱倫莊園，僅僅是奈洛比之旅的一個小小的驛站。至於下一站，就是去欣賞壯觀的十四瀑布了。

座落在奈洛比市郊西北的十四瀑布，距離奈洛比市只有75分鐘的車程。十四瀑布未見其瀑，先聞其聲。離十四瀑布還有一段車程，它那雷鳴般的隆隆巨響，便最先擁抱了遠方的客人。走近了，瀑布的響聲更是撼天動地，響徹雲霄。這個大瀑布群約有3、40公尺寬，落差在20公尺左右。站在瀑底的黑色岩石上，向上望去，只見天際間，一條銀白色的水流，一縷縷地傾瀉下來。如果是雨季，大瀑布群則是另一番洞天，那時偌大的水流如桀驁難馴的野馬，一路咆哮著向前奔湧而去。雖然人們不知道它來自哪裡，又去向何方，但卻能深深感受到它無與倫比的力量。

然後，不管有沒有時間，你一定不能錯過的是奈洛比國家公園。奈洛比國家公園建於1946年，公園占地117平方公里，與奈洛比市中心僅有7公里的距離。在這裡，生活著100多種哺乳動物和400多種特有的遷徙鳥類。如果你走進公園，可以與角馬、斑馬、長頸鹿、羚羊等野生動物零距離接觸。不過，這些動物都屬於遷徙動物，經常在雨季遷徙出去，在旱季時再遷徙回來。

在奈洛比國家公園，你遇到最多的動物是斑馬。這個公園的斑馬特別多，如果你幸運的話，可以見到成群的斑馬在散步。這些斑馬或是在覓食，或是在閒庭信步。其中，年輕健壯的斑馬十分英俊。最漂亮的是斑馬的皮毛，在陽光下，斑馬黑白相間的皮毛散發著絲絨般的光澤，讓人忍不住伸手去撫摸。

✽奈洛比國家公園裡除了斑馬，最習慣跟人類親密接觸的動物，非長頸鹿莫屬。

在食草動物為主的群體裡，最高的是長頸鹿。對於路過的汽車，大多長頸鹿置若罔聞，既不好奇，也不害怕，只是專心地啃著剛發出的嫩芽，或者從容地向前走著。

走的時間長了，你就會發現：奈洛比，這個擁有「東非小巴黎」美譽的高原城市，無論是它煙霧籠罩的曠野、清光閃爍的冰河，還是鮮嫩的野花和密不可穿的原始森林，都如一罈百年陳釀，瀰散如夢如幻、如癡如醉的光芒。

也許你不相信神靈，也不需要指點迷津，但你可以去奈洛比走一走。這座「陽光下的綠城」帶給你的，已不僅僅是它廣闊的藍天、明淨的空氣和熱情的人民，這裡還有一切你可以看到與呼吸到的，非洲式的溫情與浪漫，在悄然散發。

搜索地標：肯亞

Mombasa

蒙巴薩

東非最大的港口

蒙巴薩是東非最大的港口，也是進入肯亞內地的重要門戶。除了藍天白雲，它給人留下印象最深的，就是那綿延漫長的白沙海灘，鬱鬱蔥蔥的熱帶植物，而臉上蒙著黑面罩的穆斯林女人，則讓你走入「天方夜譚」裡的神話世界。

蒙巴薩東臨印度洋，是肯亞第二大城，也是一座美麗而古老的城市。自古以來，它就是進入非洲、進入肯亞內地的重要門戶。

據說，早在1405年，鄭和下西洋時就曾來過蒙巴薩，在當時繪製的「鄭和航海圖」裡標明的地點「慢八撒」，指的就是現在的蒙巴薩。現在的蒙巴薩歷經滄桑，依然是一座迷人的城市。由於曾受阿拉伯、印度、葡萄牙、英國各種文化的影響，蒙巴薩具有獨特的文化韻味。城內各個時代的名勝古蹟比比皆是，不管是那大小不一的清真寺，還是始建於西元9世紀的印度廟宇，都會讓人過目難忘。

蒙巴薩市分新、舊兩部分，舊城位於東部，建築幾乎全是阿拉伯風格，街道十分擁擠。因而，當你沿著海邊的舊城區行走，可見一些彎彎曲曲的狹窄街道縱橫交錯地分布著，如同蜘蛛網狀分布，相互溝通，又擴散向四方。而那掛著大鐵鎖的木雕大門，鐵條密布的神祕窗戶，那穿著長到腳背的寬寬大大黑袍、臉上蒙著黑面罩、只露出兩隻漂亮大眼的穆斯林女人，則讓你感到彷彿走入了「天方夜譚」裡的神話世界，完全忘記了身在何方。

在蒙巴薩，無論你走到哪裡，總會與高大的椰子樹、挺拔的棕櫚、茂密的芒果樹相遇，而那些粗

※兩道交錯象牙組成的巨型建築，是蒙巴薩最著名的城市標誌之一。

大的大榕樹，則會讓你大開眼界，其中最粗的大榕樹幾個人合圍都抱不過來。但蒙巴薩給旅人留下最深刻印象的，是那一望無際的湛藍色大海，那迷人的白色海灘。

蒙巴薩海灘上的白沙又細又密。據說，每天當潮水才退去，由於海灘還沒有被嬉戲的人群踐踏，在上面可以高速行駛汽車呢！這種說法也許有些誇張，但這裡確實是人間天堂——輕波碧浪，白沙茫茫，椰樹成林，芒果樹成行，棕櫚樹和大榕樹相交成蔭。

當你躺在蒙巴薩的海灘，感受著從印度洋上吹來的柔和清風，聽著棕櫚樹葉隨風發出的柔和沙沙聲音，看著藍藍的天、白白的浪、白白的雲，以及印度洋上那拍打著礁石的浪濤時，你會感覺自己的心境豁然開朗。

除了美麗的自然風光，蒙巴薩海灘上還有一座俯視著港灣的耶穌堡。這座16世紀的城堡是歷史上葡萄牙軍隊和阿拉伯人爭奪肯亞海岸控制權的戰爭中心。

來到蒙巴薩，它的海鮮不可不嚐。這裡的海鮮都很新鮮，不管是螃蟹，還是龍蝦，都是剛剛撈起的。吃一口海鮮，賞一會兒美景，聽一陣海風，閉一會兒眼睛，這一切是多麼的美妙動人。

✤蒙巴薩的海灘上，一座座形狀各異的現代化海濱度假酒店，與鬱鬱蔥蔥的熱帶植物相映成趣，迎送著來自四面八方的遊客。

✤蒙巴薩不僅景色優美，地理位置也十分重要，是肯亞的第一大港。

搜索地標：辛巴威

*H*arare

哈拉雷 ·四季如春的「花樹城」

如果別人告訴你，在非洲班圖語中「辛巴威」本身就是「石頭城」的意思，你想像中的哈拉雷，也許應該是滿城的石頭。但到了哈拉雷，你會發現這裡終年草木蔥鬱，百花盛開，猶如浪漫的歐洲城市，卻又帶有一脈別樣的非洲風情。

辛巴威首都哈拉雷位於辛巴威東北部高原，海拔1400公尺以上。哈拉雷的名字來自當地的修納語，意思是「不眠之城」。

　　一進入哈拉雷市區，首先映入眼簾的是花束爭艷的街道，以及路旁大大小小的鮮花綴滿枝頭。信步哈拉雷的街道，總感覺空氣中瀰漫著沁人心脾的花香。沿著花香前行，你可能與鳳凰樹或者捷克蘭大樹相遇。在哈拉雷市區，鳳凰樹隨處可見，當鳳凰樹的火焰花兒盛開時，哈拉雷內彷彿有一把把火炬在燃燒。

*哈拉雷雖然海拔很高，卻常年涼爽如春，四季宜人，是名副其實的「陽光城」。

　　哈拉雷這個國際化的都市是現代建築和殖民地建築融合並存的城市，直到現在，整個城市依然保留著20世紀80年代前英國政府殖民時期的模樣，有居住區、商業區和工業區之分。商業區位於市區的中南部，這裡是一派繁華的景象。商業區的建築以英式為主，從現代化購物中心到大型傳統市場以及路邊的小攤，各種購物場所應有盡有。

　　雖然哈拉雷有居住區、商業區和工業區之分，但無論你行走於哪一個區，哪條一大街小巷，都可見市民們井然有序地生活著。在哈拉雷讓人如沐春風的，是當地人的溫文爾雅、彬彬有禮。雖然他與你只是萍水相逢，但與你擦肩之時，不是溫文爾雅地打一聲招呼，就是笑臉相迎。

　　哈拉雷向以石雕和木雕聞名天下，在這裡，石雕和木雕市場俯拾皆是，隨處可見。這些藝術品中的形象、人物多源於本國神祕宗教及古老民間故事，再經過一番想像，於是，一件件美妙絕倫的藝術品就大功告成。最有趣的是，這些藝術品可以用以物換物的方式獲得。當你用隨身帶著的中國小商品換得一個精美的石雕或木雕時，那種欣喜若狂，是用多少金錢都買不到的。

*哈拉雷市區內街道縱橫交錯，呈「井」字排列。這些街道不僅寬闊、整潔、幽靜，而且綠樹成蔭，百花爭艷。

　　在哈拉雷，時間總是過得那麼快，當一天的時光遠去，夜晚來臨時，整個城市燈火通明，十分熱鬧。這時，站在任何一個街口，都可見人流如織、車輛川流不息的情景。其間，不時地響起的汽車喇叭聲，與霓虹燈齊放異彩的酒吧和夜總會的吉他聲、鼓聲相互混合，呈現一派歌舞昇平的極樂世界。

　　這時，只要你漫步在哈拉雷的街頭，即使沒有一場美麗的艷遇，也會感覺哈拉雷之旅，是你一生中最刻骨銘心的一段奇異旅程。

搜索地標：南非

Johannesburg

約翰尼斯堡

黃金之城

在 東北部瓦爾河上游高地上的約翰尼斯堡，是一座充滿生機和活力的城市，到處都散發著都市氣息。在這裡，巨廈林立，環境幽雅的現代購物中心隨處可見，霓虹燈閃爍的娛樂場所衣香鬢影，那份喧譁繁盛與歐美的大城市全然無異。

當 你乘坐的飛機降落在南非的約翰尼斯堡，涼爽而清新的空氣會一下子撲面而來，旅途的疲憊與不適，就這樣被一掃而光。事實上，約翰尼斯堡氣候溫和，一年四季晴空萬里，任何時間來到這裡，都會讓你感覺心曠神怡。

一本書裡寫道：「一進紐約，你就忍不住想錢。」而你進了約翰尼斯堡，聽到的和看到的，當然離不開黃金。在這座「黃金之城」裡，不僅有眾多的黃金博物館、黃金加工中心、黃金城、黃金地下礦，就連這個城市本身，其實也是一個探礦站。

據說，1886年的某日，一個叫喬治·哈里森的當地人，在散步時被一塊露出地面的石頭絆倒。當他爬起來時，卻發現石頭有金光在閃耀。於是，他敲下了一點帶回農場淘洗，結果發現那敲下的碎片，竟然是閃閃發光的金沙。約翰尼斯堡有金子的消息不脛而走，許多人從四面八方蜂擁而至，於是原本一派田園風光變得人聲鼎沸。後來，隨著金礦的發現和開採，它不僅成為世界最大的產金中心，而且迅速發展為一個國際化大都市。

初到約翰尼斯堡的人，很容易被這座巨廈林立、娛樂場所眾多的城市深深迷惑，以為它僅是一片適合享樂的溫柔之鄉。待上一段時間後，你才會發現，它的確無愧於「黃金之城」的稱號，這裡每年出產世界上40％的黃金。這裡綿延240公里的地帶內不僅有60多處金礦，還有大型礦山機械、化學、紡織、電機、汽車裝配、橡膠等工業，有許多大公司和銀行總部設在這個城市。世界礦業巨頭

約翰尼斯堡市內為淘金礦工修建的紀念碑。

南非英美公司和德比爾斯公司的總部就設在約翰尼斯堡的馬歇爾大街上。

　　現在，約翰尼斯堡雖然保留著19世紀80年代淘金棚戶區原始的一面，但它依然是一座充滿生機和活力的城市，到處都瀰漫著現代化都市的氣息。在這裡，造型各異的高大建築物鱗次櫛比，環境幽雅的現代購物中心隨處可見，四通八達的現代化高速公路網覆蓋整個城市。

　　約翰尼斯堡市區被鐵路分為南北兩部分：南部為重工業區；北部為市中心區，主要分布有商業區、白人居住區和高等學校。其中，最熱鬧繁華的是埃洛夫大街一帶。這一帶多商店、銀行和旅館，政府機關也設在此地。約翰尼斯堡最為著名的約翰尼斯堡藝廊，就位於城中心高地上的朱伯特公園內，這裡收藏的2500多件版畫，代表了國際及南非藝術的最高水平。

　　約翰尼斯堡有20多家現代化的購物中心，各式各樣的商品一應俱全，無論你想要什麼，都可以在那裡買到。購物中心的營業時間為每天8:00～18:00，由於商品琳琅滿目，即使停留一天也不會讓你厭煩。在這些購物中心中，你最不能錯過的，就是卡爾敦中心。卡爾敦中心高達50層，從遠處看，十分高大壯觀。據說，國際較大的黃金買賣就在此進行交易。慕黃金而

✳在約翰尼斯堡，造型各異的高大建築物鱗次櫛比，環境幽雅的現代購物中心隨處可見，四通八達的現代化高速公路網覆蓋整個城市。

✳約翰尼斯堡的建築大多帶有歐式風格，又摻入了幾許非洲情調，顯得格外典雅別緻。

※約翰尼斯堡繁華的市容。

來的遊客，在這裡可自由選購金幣。每到週末，當地的一些青年男女就會結伴而來，這裡變得異常熱鬧。

對於遠道而來的遊客來說，購物中心可能是非常都市化的，容易讓人疲憊。如果你有興趣，可以到約翰尼斯堡的假日市集和跳蚤市場走走，雖然那些地方既小又雜亂，卻往往有一些具特色、感覺好玩兒的物品。但需要有耐心，需要到處走走。

在約翰尼斯堡走的地方多了，你就會發現，它其實是一個很寧靜的城市，這裡沒有喧鬧。街上包括市中心都沒有太多的行人。站在高處望去，滿眼只有樹木和枝葉掩映下的建築。而當你走近那些建築，你會有新的發現，那就是那些建築各具特色，卻又十分自然地融合在一起，讓人感覺到這個城市的和諧。

如果你是在紫薇花開放的季節來到約翰尼斯堡，你就會體會到這座城市溫馨與浪漫的一面。行走於這個城市的大街小巷，可見兩邊都是一樹樹的紫薇花。至於樹下的紫薇花，你不知道是何時凋落的，卻讓你感覺時光的無情飛逝。如果你走在落英繽紛的大街小巷，天空再下著細雨，你就會體會

到「落花人獨立，微雨燕雙飛」的意境。

　　如果你在南非選擇一座城市定居，那麼，風和日麗、氣候宜人的約翰尼斯堡，無疑是首選之地。在這裡，找一個非常安靜的小區，選一個兩層樓的連體建築。雖然擁擠，卻多了溫馨。如果家裡有一個草坪，則更為理想。平時剪剪草坪，或者打打高爾夫球。有朋友來的時候，和朋友一起去嚐嚐所謂的法國菜、義大利菜、葡萄牙菜等多國料理，雖然水準比起其他歐美國家稍遜一籌，卻也還算正宗。或者去金礦博物館，體驗入地又上天的感覺。而爬上地面的那一刻，你會深感人生是如此美好，就連頭頂上火辣辣的太陽，也變得十分活潑可愛。

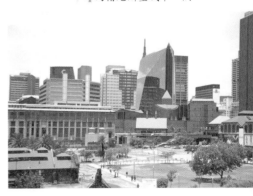

✿約翰尼斯堡城市一隅。

　　當夜幕降臨，整個城市燈火通明，建築物上的霓虹燈齊放異彩，你可以與愛人一起去東部郊區體驗一下約翰尼斯堡的夜生活。

　　在約翰尼斯堡，日子就這樣在平和安靜中度過。無論工作和生活，似乎都是那麼波瀾不驚，平淡如水；無論愛情與友情，都是那麼親切、和諧、自然。

搜索地標：南非

Cape Town

開普敦

南非的「小歐洲」

如果你印象中的非洲是一片荒原，素有「小歐洲」之稱的開普敦，會讓你改變對它的看法。這裡集歐洲和非洲人文、自然景觀特色於一身，不僅有綺麗怡人的自然風光，還有現代文明城市應具有的一切，它那現代與摩登的建築，更是讓人刮目相看，令人有置身於歐洲的錯覺。

※由於開普半島東南方經常會有溫潤的海風吹拂，將空氣中的污染物帶走，因而空氣格外清新宜人。

開普敦位於南非最西南端，又名「角城」，是南非第二大城市，僅次於約翰尼斯堡，素有「小歐洲」之稱。這裡有風景怡人的開普半島，有繁忙的桌灣港口景色，有優美的海岸公路，以及半島兩側無數美麗的海灘。

一進入開普敦，你會發現這個城市與其他城市最大的區別就是：空氣清新、純淨自然。

開普敦是歐裔白人在南非建立的第一座城市，雖然它地處非洲，卻充滿多元的歐洲殖民地文化色彩。因而，你無論如何都不能把這個南非最古老的城市與原始而野性的非洲聯想在一塊。這裡有西方國家的現代與摩登，有現代文明城市應具有的一切。特別是它的建築，可稱得上豐富多彩，形態各異。

在開普敦，除了讓你感覺新奇的一些荷蘭式建築，如：1685年建成的葡萄酒博物館，以及屬巴洛克風格建築的市政廳大樓之外，這裡還有一些維多利亞式的樓房和高高聳立的現代建築。這些異彩紛呈的建築物不僅讓人大開眼界，還令人有置身於歐洲的錯覺。而開普頓的郊區，那依山觀海的別墅住宅，則與高速公路旁看到的貧民窟形成巨大的反差。

✸開普敦海岸的度假旅館一致地漆成了彩虹般明麗的色彩，放眼望去非常醒目。

到了南非開普敦，不能不去的地方是聖喬治街，這是開普敦政府為保存古蹟而建的一條步行街。行走於聖喬治街上，首先讓你大開眼界的，是街道兩邊古老的歐式建築，以及一些精品小店。也許你只是隨意走進一家小店，卻能發現一件讓你愛不釋手的小商品，這就是聖喬治街送給你的意外驚喜。在聖喬治街，你還會與一些街頭藝人或者畫家相遇，當這些街頭藝人表演，或者街頭畫家當場揮筆作畫時，你會感覺自己已然置身於藝術的長廊。藝術的長廊盡頭便是橡樹成蔭的政府大道。最意味深長的是這裡的橡樹，它們原是歐洲移民栽種用來製木桶的材料，後來，卻越長越為茂盛，久而久之就形成了一片枝繁葉茂的橡樹林。

✸在南非，也許你只能走馬看花，但你千萬不能錯過開普敦這個城市。

桌山可謂是開普敦的標誌，是一個風華絕代的好地方。如果來開普敦沒去桌山，就如同到北京沒去長城一樣。但要看桌山，一定要選擇多雲轉陰的天氣，因為這樣的天氣，山頂上會覆有白雲，這白雲在開普敦人看來，就是上帝準備用餐前，餐桌上鋪好的「桌巾」。桌山一側是信號山，它因正午時鳴炮而得名。雖然這座小山海拔只有350公尺，它的名氣也不如桌山大，卻是觀賞開普敦夜景的最佳地點。每當華燈初上，整座城市燈火輝煌時，你可站在信號山上眺望桌灣和市區夜景，或者從多個角度來欣賞開普敦美妙的夜景。而當你將光彩奪目、晶瑩剔透、一望無際的連綿幾十公里的火樹銀花盡收眼底時，一覽無遺的開普敦，就會濃縮成世界上最美麗的一幅畫。

全球最美的地方——狂野非洲

作　　　者	《環球國家地理》編輯委員會
發 行 人	林敬彬
主　　　編	楊安瑜
統籌編輯	李彥蓉
校　　　對	王淑如
內頁編排	帛格有限公司
封面構成	帛格有限公司

出　　　版	大旗出版　行政院新聞局北市業字第1688號
發　　　行	大都會文化事業有限公司
	11051台北市信義區基隆路一段432號4樓之9
	讀者服務專線：(02) 27235216
	讀者服務傳真：(02) 27235220
	電子郵件信箱：metro@ms21.hinet.net
	網　　　址：www.metrobook.com.tw

郵政劃撥	14050529 大都會文化事業有限公司
出版日期	2010年11月初版一刷
定　　　價	280元

ＩＳＢＮ	978-986-6234-13-2
書　　　號	Image-15

Metropolitan Culture Enterprise Co., Ltd.
4F-9, Double Hero Bldg., 432, Keelung Rd., Sec. 1,
Taipei 11051,Taiwan
Tel:+886-2-2723-5216　Fax:+886-2-2723-5220
Web-site:www.metrobook.com.tw
E-mail:metro@ms21.hinet.net

國家圖書館出版品預行編目資料

全球最美的地方：狂野非洲 / 環球國家
　地理編輯委員會著. — 初版. — 臺北市：
　大旗出版：大都會文化發行, 2010.11
　　面；　公分
　　ISBN 978-986-6234-13-2(平裝)

　　1.自然地理 2.人文地理 3.非洲

760.6　　　　　　　　　　　　　99019725